DX
Management

DX Management

DX 경영

아날로그 기업에서
디지털 기업으로 전환하기

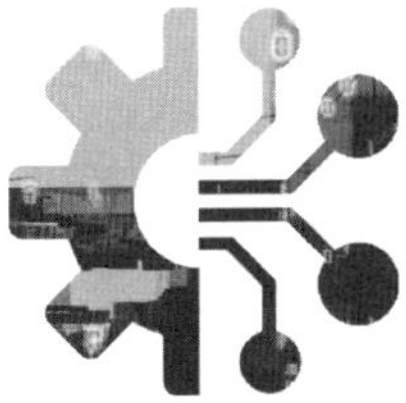

임건신 지음

클라우드나인
CLOUD 9

서문

지속성장을 위해서는 반드시 성공해야 한다

이 책을 처음 집필하기 시작한 것은 2018년 안식년으로 미국 콜로라도 덴버에 머물고 있을 때다. 그때부터 지금까지 약 6년간 디지털 혁신과 디지털 트랜스포메이션 관련 서적과 논문들을 읽고 정리하고 다양한 디지털 트랜스포메이션 사례들을 분석했다. 또한 디지털 트랜스포메이션을 고민하고 있거나 추진하는 많은 경영자를 만나서 고민거리를 접했다. 무엇보다 2019년부터 MBA 학생, 학부생, 여러 기업의 경영자 대상으로 디지털 트랜스포메이션 강의를 해왔던 내용이 이 책의 바탕이 됐다.

이 책을 준비하면서 참고했던 수많은 디지털 트랜스포메이션 관련 서적과 논문과 사례에서 공통으로 두 가지 아쉬운 점이 있었다. 첫 번째는 디지털 트랜스포메이션이 무엇인지 그 정의에 대해 명쾌하게 정리해주는 관련 자료를 보지 못했다. 더구나 만나본 경영자 중에서 디지털 트랜스포메이션의 정의를 적절하게 표현하는 경영자도 매우 드물었다. 두 번째는 거의 모든 관련 자료에서 '디지털 트랜스포메이션'에서 '트랜스포메이션'보다는 '디지털', 즉 디지털 기술에 대해 지나치게 강조하고 있다는 점을 발견했다. 대부분이 트랜스포메이션을 어떻게 했는지보다는 새로운 디지털 기술을 사용해 놀라운 결과를 얻었다는 화려한 겉모습만 강조하는 듯했다. 성공적으로 디지털 트랜스포메이션을 완수하기 위해서 디지털 기술에만 집중하는 것은 원치 않는 길로 기업을 몰아가는 경우가 아주 많다. 디지털 트랜스포메이션에서 디지털 기술은 없어서는 안 될 필수적인 것이지만 성공적인 디지털 트랜스포메이션을 위해서는 트랜스포메이션, 즉 조직 변화가 더 중요하다는 사실을 염두에 두어야 한다. 디지털만 강조하는 것은 디지털 트랜스포메이션을 준비하거나 착수 중인 경영자에게 어떻게how 디지털 트랜스포메이션을 수행해야 하는지에 대한 궁금증을 해소해주지는 않는다.

이 책에서는 디지털 트랜스포메이션에 관한 기존의 서적과 논문들에서 부족했던 두 가지 아쉬운 점을 보완하고자 한다. 먼저 디지털 트랜스포메이션을 기업의 지속성장 전략의 하나로 제시하고자 한다. 기업들은 지속적으로 성장하기 위한 전략으로 자연 성장 전략, 인수합병 전략, 혁신 전략을 전통적으로 수행해왔다. 이 전통적인 지속성장 전략 중에서 가장 효과적인 지속성장 전략은 혁신 전략이다. 그리고 이 혁신 전략을 실행하기 위해 디지털 기술을 활용한 혁신을 디지털 혁신이라고 하는 것이다. 기업의 지속성장 전략 중에서 가장 최근 전략인 디지털 트랜스포메이션은 디지털 혁신의 개념을 확대한 것으로 운영 프로세스, 제품과 서비스, 비즈니스 모델, 고객 경험, 조직구조 등 기업의 모든 측면에서의 트랜스포메이션을 디지털 기술을 활용하여 수행하는 것이다. 따라서 이 책에서는 디지털 트랜스포메이션을 디지털 기술을 사용하여 조직을 전환시키는 것으로 정의한다. 따라서 아래와 같이 디지털 트랜스포메이션은 디지털Digital 기술과 조직 전환Transformation의 합성어로 표현하고자 한다.

디지털 트랜스포메이션 = 조직 전환 + 디지털 기술

기존의 디지털 트랜스포메이션 관련 자료에서 놓치고 있는 어떻게how 디지털 트랜스포메이션을 수행할 것인지에 대한 두 번째 아쉬운 점도 보완하고자 했다. 이를 위해 이 책에서는 조직변화의 대가인 존 코터의 8단계 조직변화 관리 모형을 디지털 트랜스포메이션 추진에 맞게 수정 보완해 디지털 조직 전환 모형을 제안했다.

이 책이 디지털 트랜스포메이션을 준비하고 있거나 진행 중인 기업의 경영자에게 길을 안내해주는 지침서가 될 것이다. 또한 디지털 기술을 활용한 디지털 혁신과 디지털 트랜스포메이션에 대한 기본 개념들을 정리하고자 하는 컨설턴트와 연구자들에게도 도움이 될 것이다. 이 책의 목적은 디지털 트랜스포메이션을 바라보는 새로운 시각을 제공하는 것뿐만 아니라 디지털 트랜스포메이션하는 데 도움이 될 실질적인 개념과 도구를 제공하는 것이다. 디지털 트랜스포메이션이 궁금한 경영인, 실무자, 창업자, 연구자에게 구체적인 안내서가 됐으면 한다.

이 책은 총 3부로 구성돼 있다. 1부는 디지털 트랜스포메이션의 개요에 관한 부분이다. 먼저 1장에서는 많은 기업이 디지털 트랜스포메이션을 추진하는 이유가 모든 경영자가 고민하는 '기업은 어떻게 지속적으로 성장할 수 있을까?'라는 질문에 대한 해답을 디지털 트랜스포메이션에서 찾고자 하기 때문으로 본다. 2장에서는 디지털 트랜스포메이션이 왜 필요한지와 과연 디지털 트랜스포메이션은 어떻게 정의할 수 있고 적용 영역은 어디인지를 살펴보고자 한다. 3장에서는 디지털 트랜스포메이션을 수행할 때 피해야 하는 실수를 먼저 정리하고 실수를 줄이기 위한 조직 변화 모델에 관해서 소개한다.

1부의 마지막 장인 4장에서는 디지털 트랜스포메이션을 성공적으로 수행하기 위해 필요한 디지털 리더십과 디지털 리더가 준수해야 할 '본다-느낀다-변화한다'의 원리를 설명한다. 감성적 호소력을 지닌 스토리가 디지털 트랜스포메이션에서 그 시작 단계가 돼야 한다. 또한 이러한 감성적 설득과 공감은 디지털 트랜스포메이션의 모든 추진 단계에서 그 근간이 돼야 한다. 이것이 '본다-느낀다-변화한다'의 원리이다. 디지털 트랜스포메이션을 이끄는 디지털 리더는 '본다-느낀다-변화한다'의 원리를 기본적으로 갖추고 있어야 한다.

2부에서는 디지털 트랜스포메이션을 성공으로 이끄는 8단계 추진 모형을 소개한다. 이 디지털 트랜스포메이션의 8단계 추진 모형은 조직변화의 대가인 존 코터의 8단계 조직변화 관리 모형에 근간을 두고 있다. 존 코터의 조직변화 관리 모형을 현재의 디지털 기술을 활용한 조직 전환을 추진하는 전환 관리 모형으로 수정 보완했다. 디지털 트랜스포메이션의 8단계는 디지털 트랜스포메이션의 성공을 위한 분위기 조성 단계, 디지털 트랜스포메이션의 추진 노력을 지속적으로 강화하는 방안들을 담고 있는 단계, 마지막으로 디지털 트랜스포메이션의 추진 속도를 늦추지 않고 조직문화로 정착하고자 하는 단계로 요약될 수 있다. 이 세 개의 요약 단계들을 5장, 6장, 7장에 걸쳐 각각 정리했다.

마지막 3부에서는 디지털 트랜스포메이션을 추진하고자 하는 경영자나 추진 중에 더 나아갈 곳을 찾지 못하는 경영자에게 도움이 되는 내용을 다루고 있다. 디지털 트랜스포메이션의 추진은 최소 3~4년이 걸리는 장기 레이스이다. 장기 레이스를 꾸준히 달려서 완주하기 위해서는 레이스 중간마다 디지털 트랜스포메이션을 통해 얻은 눈에 띄는 단기 성과가 전환 추진력을 지속시킬 수 있다는 아이디어에 기반을 둔다. 3부에서는 디지털 트랜스포메이션을 추진하면서 6개월에서 1년 내 눈에 띄는 단기 성과를 내기 위해서 활용할 수 있는 도구와 방법을 제공하고자 한다. 먼저 8장에서는 디지털 트랜스포메이션의 적용 영역 중에서 제품과 서비스, 운영 프로세스, 고객 경험을 디지털 트랜스포메이션하기 위해 사용할 수 있는 도구와 방법들을 정리했다. 9장에서는 기존의 비즈니스 모델을 개선하거나 신규 비즈니스 모델을 개발하기 위한 도구와 방법들을 소개했다. 마지막 10장에서는 디지털 트랜스포메이션의 마지막 적용 영역인 조직구조의 전환을 위한 방법들로 애자일 기법과 플랫폼 전략을 정리했다.

이 책이 제공하고 있는 DX 경영을 위한 디지털 트랜스포메이션의 추진 전략은 모든 기업에 공통으로 적용되는 만병통치약이 되지는 않을 것이다. 기업이 처해 있는 환경과 고민거리와 제약 조건들이 모두 다 다르기 때문이다. 그러나 이 책은 디지털 트랜스포메이션을 추진하고자 하는 모든 기업의 경영자에게 기본 지침서로의 역할은 충분히 할 것이다. 이 지침서를 기초로 하여 각자의 상황에 맞게 수정하고 적용해 나아가면 초경쟁적이고 복잡한 경영환경에서 살아남은 자신을 발견하게 될 것이다.

2024년 2월

신촌에서

임건신

목차

서문 지속성장을 위해서는 반드시 성공해야 한다 • **4**

1부 디지털 혁신을 넘어 디지털 트랜스포메이션으로 • **17**

1장 디지털 트랜스포메이션이 답이다 • 19

1. 기업은 과거와 완전히 다른 환경에서 살아남아야 한다 • 21

초스피드, 무경계, 파괴의 경쟁 환경이 거세지고 있다 • 21 | 과거에는 고객이 제품만 좋으면 따라왔지만 현재는 그렇지 않다 • 24

2. 디지털 혁신은 시장 통찰력과 디지털 기술의 결합이다 • 26

가장 효과적인 지속성장 전략이 혁신이다 • 26 | 지속성장을 위한 혁신은 무엇인가 • 27

3. 디지털 기술은 인간의 기능을 대신하는 기술이다 • 31

디지털 기술이란 무엇인가 • 31 | 디지털 기술은 사람의 일을 대신 처리하는 도구이다 • 33

4. 디지털 기술은 디지털 트랜스포메이션의 필수 도구이다 • 36

사물인터넷 • 36 | 클라우드 • 39 | 빅데이터 • 42 | 인공지능 • 44 | 증강현실과 가상현실과 메타버스 • 46 | 3D 프린팅 • 48 | 블록체인 • 49

5. 디지털 혁신을 넘어 디지털 트랜스포메이션으로 진화해야 한다 • 52
디지털 혁신과 디지털 트랜스포메이션은 어떤 관계인가 • 52 | 현재는 디지털 트랜스포메이션의 시대이다 • 53

2장 디지털 트랜스포메이션은 무엇인가 • 57

1. 디지털 트랜스포메이션은 조직의 디지털화다 • 59
디지털 트랜스포메이션의 어원과 기존 정의로 접근해보자 • 59 | 디지털 기술보다는 조직 변화가 더 중요하다 • 63
2. 디지털 트랜스포메이션은 어디서부터 적용되는가 • 66
디지털 트랜스포메이션 적용 영역을 구분하자 • 66 | 디지털 트랜스포메이션 적용 영역별 성공 사례를 알아보자 • 67

3장 디지털 트랜스포메이션의 8가지 실수를 피하자 • 73

1. 디지털 트랜스포메이션할 때 피해야 하는 8가지 실수가 있다 • 77
디지털 트랜스포메이션 실패 사례로부터 교훈을 얻어라 • 77 | 디지털 트랜스포메이션 8가지 실수를 알아보자 • 78
2. 조직 변화관리 모형으로 8가지 실수를 피할 수 있다 • 88
8가지 실수를 피하는 것이 필요하다 • 88 | 존 코터의 8단계 조직 변화관리 모형을 적용해 보자 • 89

4장 디지털 트랜스포메이션 성공을 위한 전제조건을 명심하자 • 93

1. 성공 전제 조건이 있다 • 95
반드시 고려해야 할 전제 조건들을 점검하라 • 95 | 행동을 바꾸는 요체는 감성의 변화에 있다 • 96 | 고도의 리더십이 필요하다 • 97

2. '본다-느낀다-변화한다' 원리를 사용하라 • 100

'본다-느낀다-변화한다' 원리는 조직 구성원의 행동 변화에 필수적이다 • 100 | '분석한다-생각한다-변화한다' 프로세스에는 한계가 있다 • 102

3. 디지털 리더십을 발휘하라 • 105

전환의 리더는 무엇을 해야 하는가 • 105 | 사람의 행동을 변화시켜야 한다 • 111

2부 디지털 트랜스포메이션 성공 8단계 • 115

5장 어떻게 분위기를 조성해야 하는가 • 117

1. 1단계: 위기감을 고조시켜라 • 119

자만심을 깨뜨려라 • 120 | 위기감 조성은 필수적이다 • 122

2. 2단계: 전환추진팀을 구성하라 • 125

어떻게 성공적인 추진팀을 만드는가 • 126 | 피하거나 잘 감독해야 할 사람들이 있다 • 127 | 신뢰와 공동목표가 팀워크의 생명이다 • 129 | 최상의 회의를 진행하라 • 130

3. 3단계: 올바른 비전을 정립하라 • 134

왜 비전이 반드시 필요한가 • 135 | 효과적인 비전이란 무엇인가 • 137 | 실현 가능성, 구체성, 융통성, 전달의 용이성을 생각하라 • 137 | 좋은 비전을 어떻게 만드는가 • 139

6장 어떻게 추진 노력을 강화하는가 • 143

1. 4단계: 참여를 끌어내는 의사소통을 전개하라 • 145

구성원의 생각이 일치해야 진정한 힘을 발휘한다 • 145 | 비전을 성공적으로 전파하는 원칙은 무엇인가 • 146

2. 5단계: 장벽을 제거하라 • 151

동조하지 않는 상사라는 장벽을 제거하라 • 151 | 부적합한 보상·평가 시스템의 장벽을 제거하라 • 153 | 무력감의 장벽을 제거하라 • 154 | 한 번에 모든 장벽을 제거할 수는 없다 • 155

3. 6단계: 단기간에 눈에 띄는 성공을 이끌어내라 • 157

왜 단기적 성공을 보여줘야 하는가 • 157 | 단기적 성공의 특징은 무엇인가 • 158 | 단기적 성공은 어떤 역할을 하는가 • 160 | 단기 성과 획득을 미리 계획하라 • 162 | 압박감이 위기감으로 이어져야 한다 • 164 | 단기적 성공은 진실해야 한다 • 164 | 리더도 관리 능력이 필요하다 • 166

7장 어떻게 지속적으로 추진하는가 • 169

1. 7단계: 전환 속도를 늦추지 마라 • 171

저항세력은 호시탐탐 틈을 노린다 • 172 | 위기감을 지속시켜야 한다 • 173 | 더욱더 어려운 전환에 도전하라 • 174 | 업무 과중은 가능한 빨리 해결해야 한다 • 175

2. 8단계: 전환을 정착시켜라 • 178

문화의 강력한 힘을 이용하라 • 179 | 새로운 문화로 기존의 문화를 어떻게 대체할 것인가 • 180 | 조직문화의 전환은 맨 마지막에 하는 것이다 • 181 | 어떻게 조직문화에 디지털 트랜스포메이션을 정착시키는가 • 182

3. 추가제언: 긍정적인 감정을 강화시키고 구성원 모두를 전환 리더로 만들어라 • 186

변화를 촉진하는 긍정적인 감정을 강화하라 • 187 | 감정의 변화가 행동의 변화를 이끈다 • 187 | 소수의 리더보다 다수의 리더가 필요하다 • 190

3부 디지털 트랜스포메이션의 단기 성과 내기 • 193

8장 제품, 서비스, 운영 프로세스, 고객 경험을 전환하기 • 197

1. 어떻게 제품과 서비스를 전환하는가 • 199

5포스 모델 • 199 | 4분면 분석법 • 203 | 디링킹과 리링킹 접근법 • 205

2. 어떻게 운영 프로세스를 전환하는가 • 209

가치사슬 모델 • 210

3. 어떻게 고객 경험을 전환하는가 • 214

디자인 싱킹 • 215 | 고객여정지도 • 222 | 고객자원생명주기 모델 • 225

9장 비즈니스 모델을 전환하기 • 231

1. 어떻게 비즈니스 모델을 전환하는가 • 233

마법의 삼각형 • 234 | 비즈니스 모델 캔버스 • 237 | 55+7 비즈니스 모델 패턴 • 238 | 비즈니스 모델 개발 프레임워크 • 241 | 고객 가치 사슬의 디커플링 • 243

10장 조직구조를 전환하기 • 247

1. 조직구조의 전환 없이 디지털 트랜스포메이션은 불가능하다 • 249

조직구조의 디지털 트랜스포메이션은 다른 영역과 함께 해야 한다 • 249 | 조직구조의 전환은 유기체 조직으로 변신하는 것이다 • 251

2. 어떻게 애자일 조직으로 전환하는가 • 253

스크럼 기법 • 254 | 스포티파이 모델 • 256 | 애자일 조직 구축 로드맵 • 261

3. 어떻게 플랫폼 비즈니스로 전환하는가 • 265

플랫폼의 정의와 플랫폼 비즈니스의 진화 과정 • 266 | 전통기업의 플랫폼 비즈니스로의 전환을 위한 사전 작업 • 268 | 전통기업의 플랫폼 비즈니스 수행 전략 • 269

참고문헌 • 276

미주 • 279

1부

디지털 혁신을 넘어 디지털 트랜스포메이션으로

DX
MANAGEMENT

1장
디지털 트랜스포메이션이 답이다

1.

기업은 과거와 완전히 다른 환경에서 살아남아야 한다

초스피드, 무경계, 파괴의 경쟁 환경이 거세지고 있다

현재 우리는 4차 산업혁명과 코로나 팬데믹이란 대혼란의 시대를 거쳐왔다. 다행히 코로나바이러스는 독감 수준으로 위중함이 낮아져 방역단계가 해제됐다. 반면에 4차 산업혁명의 큰 물결은 코로나 팬데믹의 상황에서도 멈추질 않고 오히려 더욱 거세지고 있다. 코로나 팬데믹으로 인한 비대면 일상이 4차 산업혁명의 디지털 물결이 더 거세지고 더 빨리 더 넓게 퍼질 수 있도록 촉매제 역할을 했다. 1차와 2차 산업혁명은 인간과 가축의 노동력을 훨씬 강력해진 증기와 전기로 전환하는 동력에서의 변혁이라고 한다면

3차와 4차 산업혁명은 인간의 두뇌 기능을 정보기술로 대체하려는 시도의 결과로 인한 변혁이다. 3차 산업혁명은 컴퓨터를 활용한 인간의 아날로그식 정보처리를 디지털식 정보처리로 전환한 것이라고 한다면 4차 산업혁명은 정보기술을 통한 인간의 학습 또는 추론 능력을 모방하는 지능화로의 변혁이라고 볼 수 있다.

현재의 코로나 팬데믹과 4차 산업혁명 시대에 있어서 기업들이 겪는 경쟁상황을 표현하는 키워드로 변화의 속도speed, 우군과 적군의 경계의 무경계borderless, 새로운 것이 기존의 것을 파괴하는 붕괴disruption를 제시할 수 있다. 우선 경영 경쟁상황은 계속해서 빠르게 변화되어 왔다. 1차와 2차 산업혁명의 기간이 각각 100여 년간 이어진 것에 반해 3차 산업혁명은 50년 정도 지속됐다. 4차 산업혁명도 3~40년 정도 이어질 것이며 그 이후 10~20년의 주기로 새로운 산업혁명을 맞이할 것이라는 예측이 대두되고 있다.

우리 사회를 크게 변화시키는 산업혁명의 주기가 짧아지는 것과 같이 기업환경도 매우 급속하게 변화하고 있다. 콘스텔레이션 리서치의 한 기업 분석가는 기업 수명이 1960년의 60년에서 2020년에는 12년으로 급속하게 짧아졌고, 『포춘』 500대 기업 중 50% 정도가 사라졌다는 보고서를 낸 바도 있다. 이는 신생기업이 짧은 기간에 빠르게 생기고 사라진다는 것을 의미한다. 이것은 기업 경영환경이 그만큼 급속히 변화하기 때문에 나타난 것으로 볼 수 있다.

두 번째 4차 산업혁명 시대에 기업들이 직면한 큰 변화는 협력자와 경쟁자의 구분이 모호해졌다는 점에서 찾아볼 수 있다. 삼성

전자의 메모리 칩을 주요 부품으로 사용한 애플 아이폰의 최대 경쟁제품이 삼성전자의 갤럭시 폰인 상황과 같은 상황이 비일비재하다. 또한 기존 산업에서의 경쟁기업이 아닌 다른 산업의 기업이 새로운 경쟁기업으로 등장하는 시장의 경계가 모호해지는 상황을 맞고 있다. 예를 들어 검색 서비스를 제공하던 구글이 무인자동차를 생산하는 경우가 이에 해당한다. 그리고 시장에 진입하려면 당연히 갖추고 있어야 할 기본적인 것들을 전혀 가지고 있지 않은 기업이 시장을 독점하는 상황이 벌어지고 있다. 택시를 한 대도 가지고 있지 않으면서 택시 시장에서 우위를 차지하는 우버와 호텔이나 숙박시설을 소유하지 않으면서 숙박업을 독점하는 에어비앤비가 이에 해당한다.

마지막으로 초기 산업혁명 시대에 철도가 마차를 완전히 대체하는 경우도 있었지만 현재처럼 매우 짧은 시간에 새로운 제품이나 서비스가 기존의 제품이나 서비스를 파괴하는 것을 경험한 적이 없었다. 오프라인 서점을 온라인 서점이 대체하거나 가정용 전화기의 존재를 스마트폰이 완전히 사라지게 하는 경우가 이에 해당된다. 전기자동차가 내연기관 자동차를 자율주행차가 현재의 유인자동차를 조만간 거리에서 사라지게 할 것이라는 예상을 일반인들도 전혀 반론없이 받아들이게 됐다.

과거에는 고객이 제품만 좋으면 따라왔지만 현재는 그렇지 않다

인터넷에서 아프리카 동물들이 나오는 재미있는 동영상을 두 편을 본 적이 있다. 첫 번째 동영상은 나무 그늘 아래에서 사자들이 쉬고 있는데 한 마리의 임팔라가 멀리서 전속력으로 달려와서 사자들이 쉬는 나무를 들이받아 사자들 앞에 쓰러져 사자들의 먹이가 되는 내용이다.[1] 이와 같이 과거의 기업 환경에서는 제품만 좋으면 고객들이 스스로 찾아와서 제품을 구입했다. 따라서 품질이 좋은 제품을 생산하기만 하면 고객들은 저절로 몰려오는 상황이다. 어떻게 보면 기업을 운영하는 것이 상대적으로 용이했다고 볼 수 있다.

그러나 변화 속도가 아주 빠르고 경쟁자의 파악이 불분명해졌으며 파괴적 경쟁이 벌어지는 현재의 기업환경에서는 내일이 예상되지 않는 상황에 있다. 이러한 상황을 두 번째 동영상이 잘 보여주고 있다. 동영상에서는 지구상에서 가장 빠른 동물인 치타가 먹이인 임팔라를 전속력으로 쫓아가고 있다. 최근까지의 기업 경쟁환경을 보여주는 상황이라고 할 수 있다. 시장에서 제일 잘 나가는 기업이라도 고객을 잡기 위해서는 전력으로 노력해야 하는 상황을 보여준다. 그런데 치타가 힘차게 임팔라를 쫓아서 덮치기 직전에 치타의 뒤에서 치타보다 더 빠른 속도로 달려오는 사람이 치타를 앞질러서 임팔라를 낚아채 가는 것이다. 그러자 치타는 더 이상 달리는 것을 멈추고 눈앞에 벌어지는 상황이 이해되지 않는 듯이 멍하니 서 있는 내용이다.[2] 전혀 예상을 못 했던 기업이 시장에 진입하여 고객들을 모두 가져가 버리는 상황이 벌어지고 있는 것이다.

2.

디지털 혁신은 시장 통찰력과 디지털 기술의 결합이다

가장 효과적인 지속성장 전략이 혁신이다

4차 산업혁명과 코로나 팬데믹이란 대혼란의 상황에서 기업들은 어떻게 살아남을 수 있을까? 전통적으로 기업들은 생존하기 위해 그리고 지속적으로 성장하기 위해 자연 성장organic growth에 의존했다. 그러나 자연 성장은 성장에 한계점이 있어서 그 한계점 이상 성장하는 것이 거의 불가능하다. 자연 성장 전략은 사람이 태어나서 청년기까지는 키가 커가는 성장을 하지만 청년기를 넘어서는 키가 더 이상 자라지 않는 경우와 같다.

자연 성장이 한계에 도달하면 기업들은 인수acquisition 전략으로 성장의 한계점을 넘어 계속해서 성장하려고 했다. 하지만 인수도 장기적으로 그 결과가 기대했던 대로 나타나지 않는 경우가 많다. 삼성전자가 많은 기대를 안고 하만을 인수했으나 최근에 나온 경영실적 보고에 따르면 오히려 감당하기 어려운 큰 손해를 보고 있다. 사람이 성인이 되어 키가 자연적으로 자라지 않기 때문에 키높이 구두나 하이힐 구두로 좀 더 커 보이는 노력을 하는 것이 인수 전략에 해당된다. 그러나 키높이 구두나 하이힐 구두를 신고 장시간 걷는 것이 얼마나 힘들고 어려운지는 경험이 있는 사람은 모두 알고 있다.

자연 성장과 인수 전략에 비해 가장 효과적인 성장 전략은 혁신innovation이라는 것이 통설로 여겨지고 있다. 혁신은 기존의 것을 바꾸는 것, 즉 변화change를 의미한다. 사람이 육체적으로 한계가 있는 키를 더 높이기 위해 키높이 구두의 도움을 받는 것이 아니라 사람이 키에 대한 생각을 바꾸는 것이 혁신 전략에 해당되는 것이다. 기존의 것을 바꾸기는 쉽지 않지만 그 결실은 확실히 기업의 성장을 보장한다. 혁신이 가장 효과적인 성장 전략이기 때문에 모든 경영자가 혁신을 부르짖고 있다. 가족 빼고 모두 바꾸라고 했던 삼성전자 이건희 회장의 지시가 바로 혁신에 목매야 한다는 것이다.

지속성장을 위한 혁신은 무엇인가

그럼 기업의 지속성장을 위한 혁신이란 과연 무엇인가? 지식백과에서 혁신으로 검색하면 혁신이란 묵은 조직이나 제도 풍습 방식 등을 바꾸어 새롭게 하는 일로 정의 내리거나, 혁신이란 아이디어의 원천이 조직 내부이든 외부이든 상관없이 새로운 아이디어를 도입하고 그것을 개발해 실용화하는 전 과정을 말한다는 등 혁신에 대한 다양하고 수많은 정의를 찾아볼 수 있다. 다양한 혁신의 정의들에서 공통으로 언급되는 내용을 참조하고 기업 경영을 혁신의 대상으로 하여 혁신을 다음과 같이 정의하고자 한다.

혁신 = 시장 통찰력 + 기술

이 혁신의 정의는 혁신의 핵심인 시장 통찰력market insight과 기술Technology을 강조하고 있다. 혁신은 시장에서 어떤 변화가 이루어지고 있는지, 즉 고객이 무엇을 원하고 있는지, 그 원하는 것이 현재의 서비스나 제품으로 충분히 충족되고 있는지, 아직 충족되지 않는 고객의 니즈는 무엇이고, 고객의 새로운 니즈가 변화하는지 등에 대한 시장 통찰력을 적합한 기술을 활용하여 새로운 서비스나 신제품을 만들어 제공하는 것으로 볼 수 있다.

이 혁신의 정의로 최근 경영 혁신의 대부분을 설명할 수 있다. 예를 들어 1906년에 설립된 멕시코 시멘트 회사인 씨멕스Cemex에서는 건설 현장에서 시멘트가 제때 배달되지 않으면 건설 인력의 공임을 포함한 큰 비용을 낭비하고 있음을 인지했다(시장 통찰력). 이를 해소하기 위해 시멘트 트럭에 GPS와 스케줄링 S/W(기술)를 설치하여 원활한 네트워크 관리를 통해 시멘트 배달 시간을 3시간에서 20분으로 단축하는 혁신을 이루었다. 씨멕스는 이 혁신을 통해 경쟁의 본질을 바꾸고 경쟁우위를 확고히 다져서 현재까지 멕시코에서 독보적인 시멘트 회사로 자리잡고 있다.

씨멕스의 경우와 같이 최근 대부분의 경영 혁신에서 사용된 기술은 정보기술IT, Information Technology이라는 점이 과거의 혁신과는 다른 점이다. 이 점이 기존의 경영 혁신과 차별하여 최근의 경영 혁신을 디지털 혁신digital innovation이라고 부르는 이유이다. 이는 정보기술이 처리하는 정보가 디지털 정보라는 점을 반영하여 정보기술을 디지털 기술digital technology로 지칭하기 때문이다. 따라서 디지털 혁신은 시장 통찰력과 디지털 기술의 결합으로 다음과 같이 정의하고자 한다.

디지털 혁신 = 시장 통찰력 + 디지털 기술

디지털 혁신에서 활용된 디지털 기술에는 어떠한 것이 있는지 먼저 알아보고 디지털 트랜스포메이션의 정의에 대해서는 그다음에 소개하고자 한다. 디지털 기술은 디지털 혁신에서와 같이 디지털 트랜스포메이션에서도 주요 도구로 사용되기 때문에 디지털 기술에 대한 이해가 디지털 트랜스포메이션의 성공적인 수행을 위해서 선행되어야 한다. 또한 디지털 트랜스포메이션을 기업의 지속성장을 위한 혁신 전략의 하나로 디지털 혁신과 맥을 같이 하는 것으로 본다는 점을 미리 밝힌다. 즉 기업의 지속성장을 위한 세 번째 전략인 혁신이 네 번째 전략인 디지털 혁신으로 그리고 다섯 번째 전략인 디지털 트랜스포메이션으로 진화됐다는 관점이 디지털 트랜스포메이션의 정확한 이해에 도움될 것이기 때문이다.

3.

디지털 기술은 인간의 기능을 대신하는 기술이다

디지털 기술이란 무엇인가

디지털 혁신에 사용되는 디지털 기술이란 무엇인가? 디지털 기술은 4차 산업혁명 전부터 사용되어 왔던 전통적인 정보기술과 구분하여 4차 산업혁명을 이끌고 있는 새로운 정보기술을 지칭하기도 한다. 그러나 필자는 전통적인 정보기술과 새로운 정보기술을 모두 포함하는 개념으로 디지털 기술이란 용어를 사용하고자 한다. 우선 전통적인 정보기술은 정보 처리processing, 정보 저장storing, 정보 전달communicating의 세 가지 기능을 한다. 정보 처리는 데이터 분류classify, 데이터 배열arrange, 데이터 계산calculate의 세 가지 기능을 한다.

정보 처리는 인간의 정보 처리를 모방한 것이다. 예를 들어 인간은 본능적으로 아무도 없는 어두운 밤길에서 움직이는 물체를 보면 그 물체가 무엇인지를 분류하고, 그 물체의 크기를 평가(배열)하고, 물체가 여러 개일 경우에는 물체의 전체 개수를 파악(계산)한다. 이것이 인간의 정보 처리 능력이고 이를 모방하여 사용하는 기술이 정보기술인 것이다.

정보기술의 두 번째 기능인 정보 저장은 인간이 입수한 정보를 두뇌에 기억으로 남겨놓거나 노트에 필기해두는 것을 모방한 것이다. 예를 들어 노트북의 주메모리에 저장되는 정보가 두뇌에 저장한 정보와 같은 것이고 노트북의 하드디스크에 정보를 저장하는 것이 노트에 필기하는 것을 모방한 것이다.

마지막으로 정보기술의 정보 전달은 인간이 자기가 알고 있는 정보를 말이나 글을 통해서 다른 사람에게 전달하는 것을 인터넷과 같은 정보기술을 통해 정보를 전달하는 것으로 모방한 것이다.

전통적인 정보기술에 포함되는 대표적인 것은 노트북, 데스크톱 등의 컴퓨터(정보 처리 및 저장)와 인터넷 기술(정보 전달) 등이 있다. 이에 반해 4차 산업혁명을 이끌고 있는 새롭게 등장한 정보기술은 ICBM(사물인터넷IoT, 클라우드Cloud, 빅데이터Big Data, 모바일Mobile), 인공지능AI, Artificial Intelligence, 증강현실AR, Augmented Reality, 가상현실VR, Virtual Reality, 메타버스Metaverse, 3D 프린팅, 블록체인Blockchain 등이 포함된다. 이들 신 정보기술을 적절히 활용하기 위해서는 인간이 할 수 있는 기능에 대해서 먼저 정리하는 것이 필요하다. 디지털 기술은 인간의 기능을 대신하도록 개발한 기술이기 때문이다.

디지털 기술은 사람의 일을 대신 처리하는 도구이다

인간은 우선 행동을 한다. 다리와 팔을 이용해서 물건을 이동시키거나 만들 수도 있다. 그리고 눈으로 보고 귀를 통해 듣고 입을 통해 말할 수 있다. 또한 인간의 두뇌를 통해 기본적인 정보의 처리, 저장, 그리고 전달을 할 수 있을 뿐만 아니라 추론과 학습도 가능하다. 우선 인간의 정보 처리·저장 기능을 대신하기 위한 것이 전통적인 컴퓨터이다. 그리고 인간의 정보 전달 기능은 인터넷과 같은 통신 기술로 대신할 수 있다. 2000년대 초반까지 폭넓게 사용되어 왔던 정보기술은 인간의 정보 처리, 저장, 전달 기능에 집중되어 있었다. 그 이후에 정보기술을 가지고 인간의 학습과 추론 능력도 모방하는 것에 성과를 내기 시작했는데 그것이 인공지능이다. 이 인공지능에 보고 듣고 움직이는 것까지도 모방하기 시작했다. 그것이 로봇이라고 할 수 있다. 이 로봇에 인간처럼 오감의 센서를 추가하는 시도들이 이루어지고 있다. 이것이 공상과학영화에서 보는 인간과 구분되지 않는 휴머노이드 로봇이다.

다시 말해 디지털 기술은 인간과 아주 밀접한 관계가 있다고 볼 수 있다. 인간의 정보 처리(계산, 분류, 배열)·저장을 기계를 통해 대신하고자 했던 것이 컴퓨터의 시작이다. 그것이 어느 정도 성과를 이루자 인간의 학습과 듣기, 말하기, 움직이기 등도 대신하고자 한 것이 인공지능과 로봇인 스마트 기계인 것이다. 여기서 염두해둘 것은 기업의 운영을 디지털화하자고 하는 것은 결국 사람이 해왔던 일, 즉 정보 처리, 저장, 전달, 학습·추론·행동 기능을 디지털 기술로 더 빨리, 더 정확하게, 더 많이 하고자 한다는 것이다. 디지털 기술이 요술 방망이여서 사람이 할 수 없는 일을 이루어내는 것은 아니고 사람이 할 수 있는 것을 대신 처리해주는 도구라는 점을 잊지 말아야 할 것이다.

이러한 기본적인 사실이 디지털 혁신, 더 나아가서 디지털 트랜스포메이션의 실행을 위해서 명심해야 하는 사실이다. 디지털 혁신과 디지털 트랜스포메이션이란 인간이 하는 것을 디지털 기술로 더 효과적으로 더 효율적으로 처리하는 것이라고 단순화시켜도 큰 무리가 없다. 이러한 사실은 왜why, 어떻게how, 그리고 무엇what을 디지털 트랜스포메이션해야 하는지에 대한 실마리가 될 수 있다. 그러나 대부분의 경영 혁신 사례와 같이 디지털 혁신이나 디지털 트랜스포메이션의 사례에서는 겉으로 드러난 현상, 즉 무엇what만 강조하는 경향이 짙다.

예를 들어 최근에 한 기업에서 증강현실과 가상현실 기술을 활용해 고객들이 체험할 수 있는 체험장을 만들었다. 초기에는 많은 고객이 체험장을 방문했지만 얼마 지나지 않아 휑한 공간이 되어버렸다고 한다. 기술 자체에만 몰입이 되어서 외부에 보여주기식의 디지털 기술 투자가 되어버린 것이다.

이러한 현상을 디지털 립스틱digital lipstick이라고 한다. 이렇게 디지털 기술 자체에만 치중하는 것은 디지털 트랜스포메이션을 하는 목적이 무엇인지why와 그 목적을 어떻게how 달성해야 하는지를 간과해 결국 실패로 끝나게 된다. 디지털 기술에만 치중하는 것은 디지털 트랜스포메이션을 실행하여 소기의 목적을 지속적으로 달성하는 데 어떠한 도움도 되지 않는다. 디지털 트랜스포메이션을 왜why 해야 하는지와 그것을 어떻게how 해야 하고 그 대상what은 어디여야 하는지에 대해 고민하는 것이 디지털 트랜스포메이션의 성공을 위해서는 필수적이다. 디지털 기술이 구체적으로 어떠한 기능을 하는지를 새로운 디지털 기술들을 대상으로 살펴보는 것이 디지털 트랜스포메이션과 관련된 왜why, 어떻게how, 무엇what이란 질문에 대한 실마리를 제공해줄 것이다.

4.

디지털 기술은 디지털 프랜스포메이션의 필수 도구이다

디지털 혁신, 나아가서 디지털 트랜스포메이션을 실행하기 위한 도구로써 사용되는 주요 디지털 기술에는 사물인터넷, 클라우드, 빅데이터, 인공지능, 증강현실·가상현실·메타버스, 3D프린팅, 블록체인 등이 있다. 이들 디지털 기술이 어떤 기능을 하는지와 기업에서 활용되는 예를 정리하고자 한다.

사물인터넷

먼저 사물인터넷IoT은 Internet of Things의 약자이다. 사물인터넷은 인터넷에 연결된 식별 가능한 사물들이things 인간의 명시적 개입 없이 상호 정보를 주고받는 정보 전달 인프라 기술이다(네이버 지식백과). 여기서 중요한 점은 '인간의 명시적 개입 없이'라는 점이다. 사물인터넷 이전에는 정보 전달을 위해서는 인간의 개입, 예를 들어 정보 전달을 하기 위해서는 우선 사용자가 전달하고자 하는 정보를 입력해야 하며 입력된 정보를 전달하기 위한 명령어를 입력해야 한다. 그러나 사물인터넷에서는 마이크로컨트롤러가 스스로 정보를 수집하고 자동으로 전송하게 된다. 따라서 사물인터넷에서는 인간의 개입을 배제했기 때문에 빠른 시간에 정보 전달을 할 수 있을 뿐만 아니라 인간에 의한 오류도 걱정할 필요가 없는 장점을 가지고 있다.

사물인터넷 5층 모델

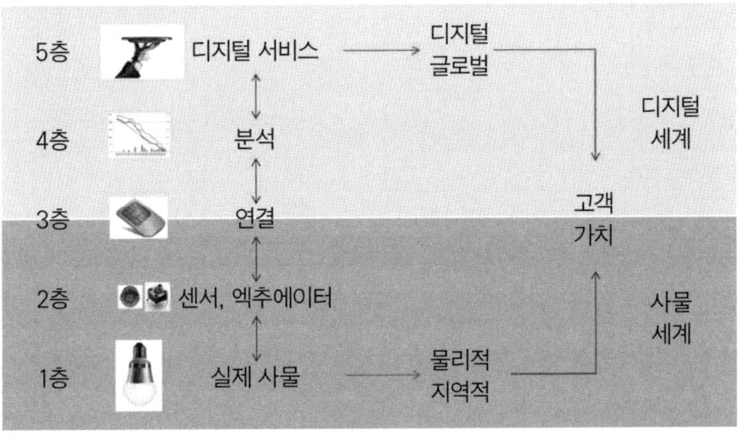

(출처: Flesch, Weinberger & Wortmann, 2014)[3]

사물인터넷은 사물 세계physical world를 디지털 세계digital world로 연결해주는 역할을 한다. 사물인터넷 5층 모델은 통신 기술인 사물인터넷을 서비스화하는 부분으로 확장 적용하는 모델이다. 사물인터넷의 1층은 실제 사물이고 여기에 2층인 센서, 마이크로 칩, 액추에이터를 실제 사물에 부착하여 실제 사물과 관련된 자료들을 수집하는 단계이다. 3층은 2층을 온라인으로 언제 어디서든 접속할 수 있게 하는 인터넷 연결connectivity 부분이다. 그러나 사물인터넷을 통해서 부가가치를 창출하기 위해서는 실제 사물에 관한 자료를 단순히 온라인으로 연결하는 것으로는 부족하고 분석analytics이 추가되어야 한다. 이 분석이 4층이다. 다양한 분석기법들을 통해서 사물인터넷 자료를 분석하고 필요할 경우 다른 자료와의 통합 분석도 수행되어야 한다. 마지막 5층은 1층에서부터 4층에서 제공된 옵션들을 패키지화하거나 개별 서비스화하여 부가가치를 창출하는 것을 포함한다.

사물인터넷을 활용한 사례로는 타이어 회사 미쉘린의 에피퓨엘EffiFuel이 대표적이다. 미쉘린에서는 타이어의 상태에 관한 정보를 수집하기 위한 에피퓨엘이란 사물인터넷 체제를 구축했다. 에피퓨엘을 통해 타이어 압력, 온도, 속도, 연료 소비량 등을 분석하여 에너지 절감을 위한 정보를 고객에게 제공하고 또 이를 통해 주행 거리만큼 타이어 비용을 지불하는 타이어 구독서비스도 제공하고 있다. 이외에도 사물인터넷 사례는 무수히 많다. 스마트 팩토리와 스마트 홈, GE의 프레딕스, 존디어의 지능형 농사 서비스 등이 성공

스토리로 회자되고 있다.

클라우드

클라우드Cloud는 클라우드 컴퓨팅Cloud Computing의 준말로 사용되고 있다. 클라우드는 컴퓨터와 관련된 모든 자원, 즉 소프트웨어, 데이터베이스, 응용프로그램 개발을 위한 기반 시설 등에 언제 어디서나 접근할 수 있는 저장 장소이다. 클라우드는 정보의 저장을 넘어서 저장 대상을 소프트웨어와 서버 등의 디지털 자원으로 확장한 저장 디지털 기술이다. 이 클라우드 기술은 일반 기업 입장에서 모든 컴퓨터 자원을 소유하지 않고 필요할 때만 사용료를 지불하고 컴퓨터 자원을 사용할 수 있도록 해줌으로써 컴퓨터 자원을 소유함에 따른 많은 고민거리를 사라지게 한다. 또한 클라우드 서비스는 개별 기업 입장에서는 막대한 자금을 컴퓨터 자원을 소유하기 위해 사용하지 않고 사업상 더 중요한 일에 자금을 사용할 수 있도록 해준다는 이점이 있다.

클라우드는 서비스의 대상인 응용 프로그램, 플랫폼, 기반 시설에 따라 서비스형 소프트웨어SaaS, Software as a Service, 서비스형 플랫폼PaaS, Platform as a Service, 서비스형 기반시설IaaS, Infrastructure as a Service로 분류된다. 최근에는 단일 클라우드 서비스 회사에서 소프트웨어, 플랫폼, 기반시설 서비스를 모두 제공하고 있다.

클라우드 서비스 대상

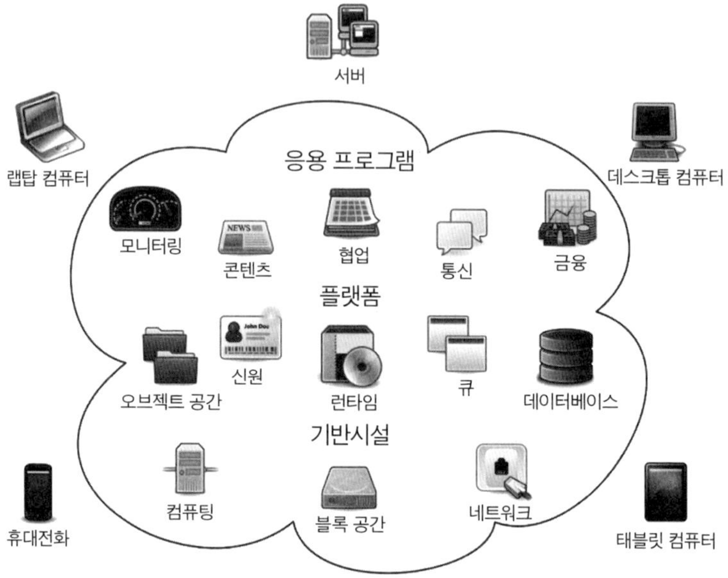

(출처: https://commons.wikimedia.org/w/index.php?curid=20630522)

클라우드 서비스의 사용자인 일반 기업의 입장에서는 클라우드 운영권의 주체가 누구인지에 따라 공용 클라우드public cloud, 사설 클라우드private cloud, 하이브리드 클라우드hybrid cloud로 구분된다. 외부 사업자의 클라우드 서비스를 사용하는 것을 공용 클라우드라고 한다. 일반 기업이 자체에서 클라우드를 운영하여 승인받은 사용자들이 서비스를 활용할 수 있게 하는 것을 사설 클라우드라고 한다. 하이브리드 클라우드는 일부 컴퓨터 자원은 공용 클라우드를 통해서 사용하고 다른 컴퓨터 자원은 자체 사설 클라우드를 통해 사용하는 경우이다.

클라우드 운용 주체

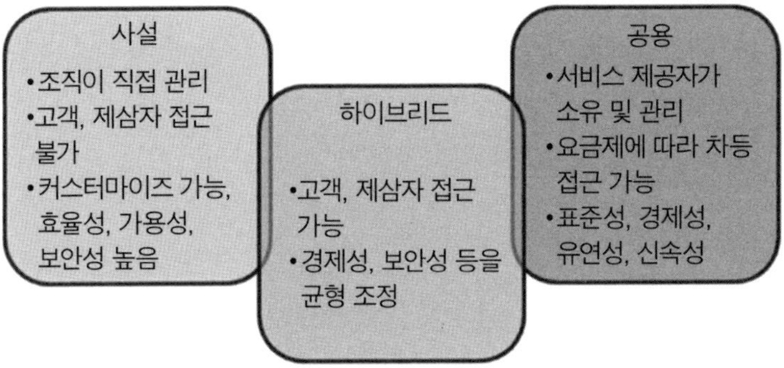

(출처: 크로센트, 2019, 6)

클라우드는 디지털 자원의 저장 기술이지만 저장된 디지털 자원을 언제 어디서든지 공유할 수 있게 하는 인터넷과 같은 통신 기술이 절대적으로 필요하다. 따라서 인터넷의 안정화가 전제되어야 클라우드는 제 기능을 발휘할 수 있다는 점을 명심해야 한다. 이는 공용 클라우드 서비스 회사의 통신 장애로 인해 디지털 자원의 사용에 불편을 초래할 수 있기 때문에 하이브리드 클라우드에 대한 수요가 증가하고 있는 것이 설명된다. 또한 최근에는 단일 공용 클라우드에 대한 의존성을 줄이고 통신 장애에 대한 불편을 줄이기 위해 복수의 공용 클라우드 서비스를 이용하는 멀티 클라우드multi cloud라는 개념도 등장하고 있다.

또 한 가지 염두에 둘 것은 클라우드 기술 단독으로는 큰 효익을 얻기에 한정적이라는 것이다. 저장 기술은 인터넷과 같은 통신 기술과 저장을 하는 데이터의 처리·분석 기술과 시스템적으로 결합됐을 때 막대한 시너지 효과가 나올 수 있다. 이러한 시스템적 사고systematic thinking에서 클라우드의 또다른 주요 역할은 사물인터넷, 빅데이터 기술 등과 같은 통신 기술과 정보 처리·분석 기술 등이 제 기능을 발휘할 수 있도록 하는 기반 시설의 역할이라고 할 수 있다.

빅데이터

빅데이터Big Data는 사물인터넷, 스마트폰, 인터넷 등에서 발생하는 규모가 방대하고volume, 생성 주기도 짧고velocity, 정형 또는 비정형의 다양한 형태variety의 데이터를 지칭하는 단어이다. 빅데이터는 정보의 저장 장치, 처리 속도, 전송 속도 등에 있어서 괄목할 만한 발전으로 인해 가능해진 기술이다. 빅데이터는 기존의 정보 저장 기술인 데이터베이스와 데이터 웨어하우스에서 발전된 개념이다. 기존의 데이터베이스는 정형 데이터Structured data를 체계적으로 저장하고 활용하는 기술이다. 이러한 데이터베이스보다는 저장하는 데이터의 양이 더 많은 것이 데이터 웨어하우스이다. 빅데이터는 데이터 웨어하우스에 비교해 훨씬 많은 양의 데이터, 비정형 데이터Unstructured data, 그리고 실시간 데이터를 저장한다는 차이점이 있다. 빅데이터라는 단어는 데이터베이스와 데이터 웨어하우스라는 단어와는 이질적인 면이 있다. 따라서 최근에는 빅데

빅데이터의 3V

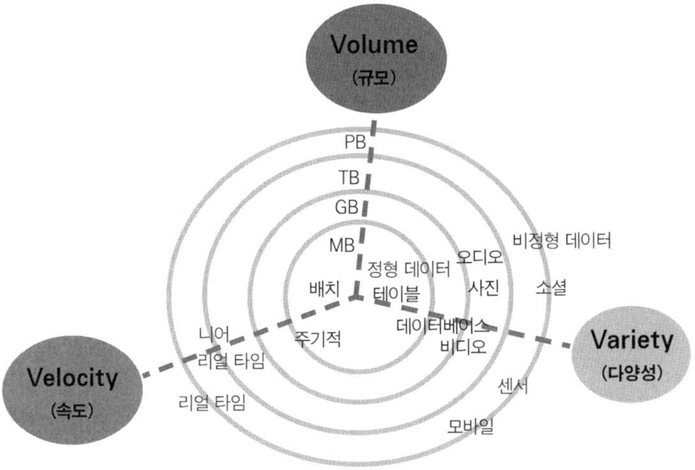

(출처: Brightics Academy)

이터를 대신하는 용어로 데이터 레이크Data Lake 그리고 데이터 댐 Data Dam이란 용어가 사용되고 있다.

빅데이터는 클라우드에 저장되고 이 데이터를 분석해 의사결정에 활용하는 비즈니스 애널리틱스Business Analytics가 가능하게 된 토양이다. 예전에는 분석할 데이터가 없거나 수집 또는 접근하기에 너무 많은 시간과 노력이 필요하여 직관에 의한 의사결정을 할 수밖에 없는 환경이었다. 또한 과거의 안정적인 경영환경 아래에서는 경영자의 직관에 의한 의사결정이 큰 실패를 가져오지는 않았다. 그러나 지금의 경영환경은 누구도 예측이 불가능한 초 불확실한 상황이다. 이러한 상황에서는 경영자의 직관에만 의존하는 것은 매우 큰 손실을 가져올 수 있다. 이제 빅데이터 기술로 데이터 기반 의사결정이 가능하게 됐다. 경영자는 데이터 기반 의사결정의 역량을 키우고 이를 직관에 의한 의사결정과 함께 상호보완적으로 사용할 필요가 있다.

인공지능

인공지능AI은 인간의 학습 능력, 추론 능력, 지각 능력, 자연 언어의 이해 능력 등을 디지털 기술로 실현하는 것이다. 단순한 정보처리에서 더 나아가 인간만의 고유 능력들을 기계를 통해서 그대로 모방하고자 하는 것이 인공지능 기술인 것이다. 인공지능은 일반인의 추측과는 달리 1956년 다트머스 학회에서 그 개념이 소개됐다. 인공지능 다트머스 학회 이후 1970년대와 1980년대에 전문가 시스템Expert System, 뉴럴 네트워크, 자연어 처리 등의 개발로 붐을 맞이했다. 그러나 1990년대에 인공지능의 겨울이 도래했다. 그 당시의 정보기술의 정보 처리, 저장, 통신의 성능이 인간의 지능을 원활하게 모방할 수 있을 정도로 발전되지 않았기 때문이다. 그러나 인공지능의 겨울은 2016년 3월 이세돌과 알파고의 세기의 바둑 대국으로 마감하고 현재까지 제2의 인공지능 붐을 맞고 있다.

현재에는 특정 문제를 해결하는 지능적 행동이나 일부 제한된 사람의 지능적 행동을 흉내 낼 수 있는 약한 인공지능weak AI 수준에 머물고 있다. 하지만 관련 학자들은 조만간 사람보다 더 높은

인공지능의 분류

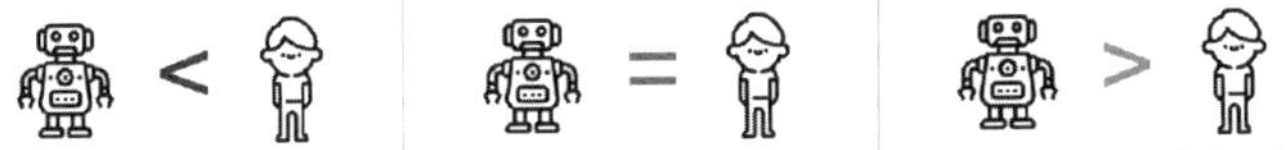

약한 인공지능

- 한 가지의 업무를 인간보다 훌륭하게 수행하는 것
- 단순하고 반복적인 업무
- 2019년 기준
- 사진 인식, 언어 인식, 알파고, 알렉사, OK구글, 빅스비, 시리, 챗봇, 자율주행 등

일반 인공지능

- 다양한 업무 영역에서 인간처럼 생각하고 행동
- 인간이 할 수 있는 모든 것
- 2030~2050년
- R2D2, 자비스, 허

강한 인공지능

- 모든 영역에서 인간보다 훨씬 뛰어난 능력 (창의력, 지혜, 사회적 기술 포함)
- 2060년
- 스카이넷, 울트론

지능을 갖고 행동하는 강한 인공지능strong AI을 볼 수 있을 거라고 예측하고 있다.

인공지능의 기업 활용의 대표적인 사례로 챗봇chatbot을 통한 고객 응대 서비스이다. 음성 인식 기술을 활용해 콜센터 기능을 하는 챗봇은 업계의 관행이 됐다는 평가를 받고 있다. 또한 이메일 분류와 같은 반복적인 작업을 사람 대신 처리해주는 로봇업무자동화 RPA, Robot Processing Automation도 인공지능의 대표적인 사례로 간주된다. 자동차 업계의 자율주행차에도 인공지능 기술이 적용되고 있다. 인간의 시각과 청각 능력이 자율주행차에 필수적인 기능으로 적용되고 있다. 인공지능의 학습 능력은 머신 학습과 딥러닝 기술의 발전으로 점점 더 강력해지고 있다.

2022년 말에 챗GPT가 소개되면서 알파고로 인한 인공지능의 붐을 한 단계 더 강화하고 있다. 챗GPT를 통해서 작성해야 하는 보고서의 초본을 몇 초 만에 얻을 수 있거나 필요한 프로그램 코딩을 프로그래머의 도움을 받지 않고 손쉽게 얻을 수 있는 등 챗GPT는 개인 업무의 생산성을 크게 향상할 것으로 기대되고 있다. 현재는 많은 기업에서 챗GPT의 활용 방안에 대해 고민하고 있다.

증강현실과 가상현실과 메타버스

증강현실AR, augmented reality은 실제의 영상 위에 가상의 영상이나 정보를 실시간 합성하는 기술이다. 최근에도 간혹 길거리에서 괴물을 잡고 다니는 사람들을 목격하게 되는데 그들이 하는 게임인 포켓몬고Pokemon GO가 증강현실을 적용한 게임이다. 반면에 가상현실은 현실과 비슷한 가상의 현실을 만들어내는 기술을 지칭한다. 가상현실VR, virtual reality은 머리에 쓰는 디스플레이 장치HMD, Head Mounted Display를 통해 사용자가 가상으로 롤러코스터를 타는 경험을 하게 하는 것을 예로 들 수 있다. 국내에서는 최근에 크게 회자되고 있는 메타버스Metaverse는 혼합 현실Mixed Reality로 불렸던 기술의 새로운 명칭이라고 할 수 있다. 증강현실·가상현실·혼합현실은 기업의 제조, 인사교육, 마케팅 분야 등에서 적용될 수 있는 디지털 기술이다.

메타버스는 최근의 인터넷만큼이나 새로운 비즈니스의 기회를 제공하는 장이 될 수 있다. 인터넷으로 인해 1990년대 초반부터 아마존, 이베이, 페이스북, 구글 등의 신생 기업들이 탄생할 수 있

혼합현실

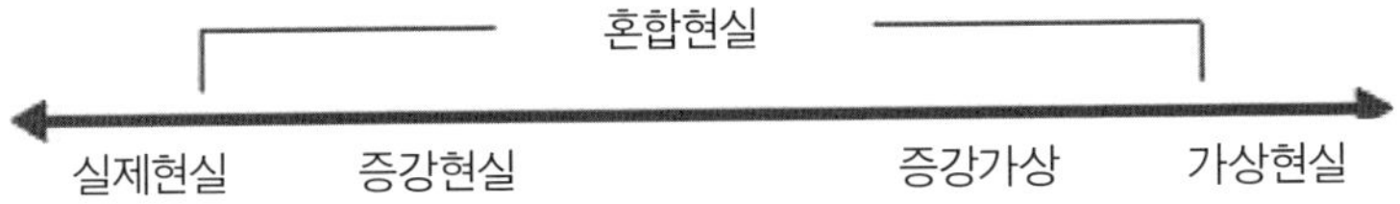

었다. 현재 이들 인터넷 기업들은 시가총액이나 가입자 수 등에서 전 세계에서 가장 영향력이 큰 기업들이 됐다. 인터넷이 이와 같이 신생 기업들이 등장할 수 있는 환경을 제공한 것처럼 메타버스도 많은 스타트업이 탄생할 기회를 제공할 것이라고 한다. 또한 인터넷이 전통적인 기업에도 많은 영향을 미쳤듯이 메타버스도 기존의 기업에도 많은 기회를 제공할 것이다.

이러한 측면에서 메타버스는 디지털 경제에서 가상 경제Virtual Economy로의 새로운 장을 여는 기술로 간주되기도 한다. 가상 경제보다는 조금 적은 의미로써 메타버스는 가상 플랫폼으로 사용될 것이다. 현재의 플랫폼이 2차원의 평면의 생태계라고 한다면 메타버스는 3차원 공간의 생태계로 볼 수 있다. 또한 메타버스를 좀 더 적은 의미에서 활용할 수 있는 방안은 옴니채널의 새로운 가상 채널로 활용하는 것이다. 모바일, PC, 오프라인 매장, TV 등의 멀티채널을 통해 고객과의 관계를 하나의 채널로 통합 관리하자는 옴니채널에 메타버스라는 가상공간의 채널이 추가될 수 있다.

3D프린팅 제조방식과 전통적인 제조방식

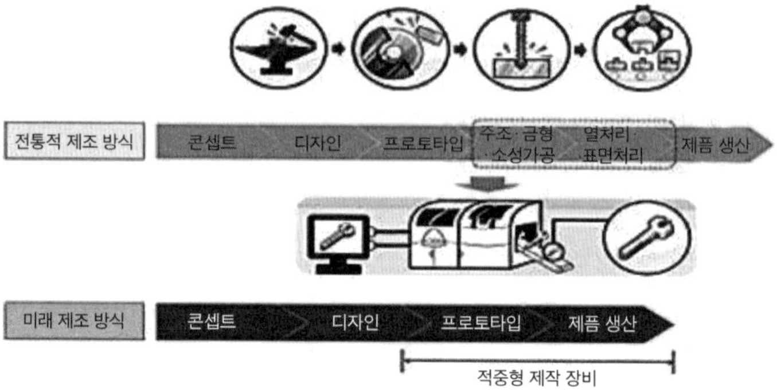

3D 프린팅

3D프린팅3D printing은 인간의 정보 전달 기능을 모방한 정보 전달 기술로 볼 수 있다. 기존의 정보 전달 기술인 프린터는 2차원으로 정보를 출력하여 전달하는 데 반해 3D프린팅은 정보를 3차원 물체로 출력해 전달하는 획기적인 차별성이 있는 디지털 기술이다. 3D프린팅은 디지털 정보의 기초 단위인 비트bit를 실물의 기초 단위인 원자atom로 변환시켜 주는 기술로 볼 수 있다. 컴퓨터 안에 저장된 설계도(비트로 저장된 디지털 정보)의 물체를 3차원의 실제 사물(원자)로 만들어내는 것이 3D프린팅이기 때문이다.

자동차 부품에서부터 턱관절과 치아 등의 인체 기관까지도 3D 프린터로 제작하고 있다. 3D 프린팅으로 기존 기업 운영에 미치는 효과는 제품 제작 기간의 단축과 효율성을 높이는 것이라고 할 수 있다. 예를 들어 3D프린팅은 다품종 소량생산을 가능하게 해 개별 고객의 취향에 맞는 맞춤형 제품을 짧은 기간 내 제작할 수 있게 해준다. 또한 3D프린팅 기술로 인해 선진 국가의 기업들의 오프쇼어링off-shoring이 리쇼어링reshoring으로 전환되기도 한다. 무엇보다도 3D프린터는 필요한 곳에서 필요할 때 필요한 물품을 제작할 수 있는 도구이기 때문에 재고 관리와 물류에 있어서 큰 변화를 가져올 기술로 기대된다.

블록체인

2007년 금융위기로 많은 금융기관이 파산했다. 이에 따라 일반 고객들은 아무런 책임도 없는데 큰 피해를 보게 됐다. 이러한 상황이 블록체인 개발의 배경이 됐다. 금융기관을 통하지 않고 온라인으로 개인 간에 전자 화폐를 안전하게 송수신할 수 있는 기술로 개발된 것이 블록체인blockchain이다. 이 블록체인 기술을 적용하여 온라인상으로 유통하게 된 최초의 전자 화폐가 비트코인이다. 블록체인은 개인 간P2P, pear-to-pear 방식을 기반으로 하며 블록 단위로 전자 화폐의 거래 데이터를 생성하고 이들 블록을 연결한 체인을 지칭하는 단어이다.

블록체인 기술은 디지털 정보를 여러 대의 개인 컴퓨터에 복제해서 저장하는 분산형 데이터 저장 기술인 동시에 데이터 보안 기술이다. 온라인으로 전자 화폐가 안전하게 사용되기 위해서는 보

블록체인

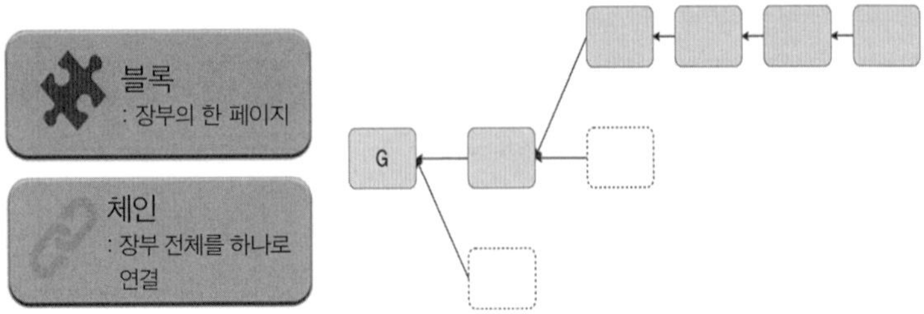

안이 매우 중요하다. 전자 화폐는 실물이 없는 디지털 정보이기 때문에 아주 쉽게 복사되거나 변경될 수 있으며 해킹의 대상이 될 수 있기 때문이다. 온라인상으로 거래가 발생하여 전자 화폐가 사용되면 그 정보가 모든 블록에 저장된다. 만약 이 거래에서 사용된 전자 화폐를 중복해서 사용하려고 하면 블록체인상에 연결된 블록의 50% 이상에 저장된 정보를 수정해야 한다. 그렇지만 이러한 수정은 불가능에 가깝기 때문에 블록체인 기술은 안전하게 전자 화폐의 사용을 보장하는 것이다.

따라서 블록체인 기술은 전자 결제나 디지털 인증뿐만 아니라 운송물 추적 시스템, 전자투표, 의료기록 관리 등 신뢰성이 요구되는 다양한 분야에서 활용될 수 있다. 블록체인은 A가 B에게 인터넷상으로 자금을 전송할 때 해당 거래 정보(블록)가 A와 B와 거래했던 모든 참여자에게 전송되고 그 거래 정보가 참여자들로부터 상호 검증이 될 경우에 자금이 전송되는 기술이다. 이 블록체인 기술을 활용해 디지털 작품과 같이 쉽게 복제가 가능한 디지털 자산에 대해 고유한 인식값을 부여하고 가격을 책정해 거래할 수 있도록 하

블록체인을 활용한 송금거래

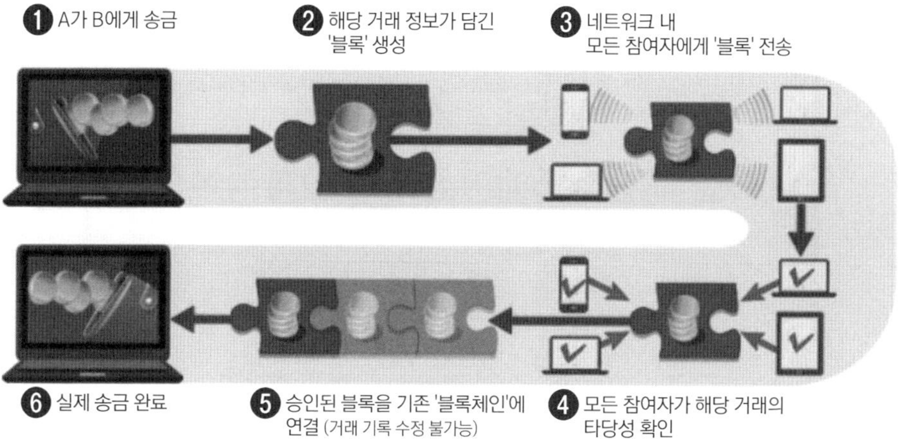

는 기술이 대체 불가능 토큰인 NFT Non-Fungible Token이다. 이 NFT는 메타버스의 가상경제에서의 화폐로써 사용될 수 있기에 가상경제의 활성화의 원동력이 될 수 있을 것으로 기대를 모으고 있다.

5.

디지털 혁신을 넘어 디지털 트랜스포메이션으로 진화해야 한다

디지털 혁신과 디지털 트랜스포메이션은 어떤 관계인가

디지털 혁신이 무엇이며 그 도구로 사용되는 디지털 기술들에 대해서 알아보았다. 2장에서 디지털 트랜스포메이션에 대해 자세히 알아보기 전에 여기서는 디지털 혁신과 디지털 트랜스포메이션이 어떤 관계가 있는지 설명하고자 한다. 첫 번째로 디지털 트랜스포메이션도 혁신과 같은 의미에서 기업의 지속성과 성장을 위한 전략이란 측면이 있다. 지속성장 전략인 자연성장 전략, 인수 전략, 그리고 혁신이 전통적인 성장 전략이라고 한다면 최근의 성장 전략으로 디지털 혁신이 제안됐다. 이 디지털 혁신이 디지털 트랜스포메이션으로 발전되고 확장된 것으로 볼 수 있다. 4차 산업혁명과 코로나19와 같은 초불확실하고 초경쟁적인 환경에서 기업이 살아남기 위해서는 디지털 혁신을 넘어 디지털 트랜스포메이션이 절대적으로 필요하다는 것이다.

현재는 디지털 트랜스포메이션의 시대이다

두 번째는 디지털 혁신과 디지털 트랜스포메이션은 각각의 용어들이 회자됐던 시대에서 차이가 난다. 시대적으로 1995년부터 2010년까지 성과를 보였던 경영 혁신을 디지털 혁신이란 용어로 지칭할 수 있다. 반면에 2010년 이후부터 현재까지의 경영 혁신을 디지털 트랜스포메이션이라고 부를 수 있다. 1995년은 인터넷 기술이 민간에게 영리 목적으로 사용될 수 있게 허용되어 아마존, 이베이 등 최초의 인터넷 기업들이 등장한 시점이다. 이 시점은 인터넷상에서 상거래를 하기 시작한 전자상거래E-Commerce의 시작점이다. 기업 간 거래나 기업과 고객 간의 거래에 초점이 맞추어져 있는 전자상거래라는 의미의 e커머스에서 인터넷의 적용 범위를 확대해 기업 운영 전반에 인터넷 기술을 활용하기 시작한 것이 e비즈니스E-Business이다. 이 e비즈니스가 등장하기 시작한 2010년경까지의 인터넷 기술과 정보기술을 활용한 혁신을 디지털 혁신이라고 부르는 것이다. 이베이의 온라인 경매, 아마존의 온라인 서점, 월마트의 리얼링크RealLink, 구글의 검색엔진과 키워드 광고, 애플의 아이패드와 아이튠즈 등이 이 시기에 이루어진 디지털 혁신의 대표적인 예로 볼 수 있다. 국내의 경우에는 포스코의 PI가 대표적인 디지털 혁신의 예라고 할 수 있다.

이러한 디지털 혁신이 단순한 정보 처리·저장·전달 기능을 하던 전통적인 정보기술과 인터넷을 주요 도구로 사용했다고 한다면 스마트폰의 등장과 인공지능의 활성화로 특징 지을 수 있는 2010년 이후부터는 전통적인 정보기술의 기본 기능을 기본으로 하면서 학습·추론과 말하기·듣기 등의 능력들이 추가된 새로운 정보기술이 혁신의 도구로 사용됐다. 또한 새로운 정보기술은 2010년을 기점으로 그 적용 범위도 고객 경험, 운영 프로세스, 제품 및 서비스, 비즈니스 모델, 조직구조 등 기업의 모든 영역으로 확대되어 왔다. 이것을 우리는 '디지털 트랜스포메이션Digital Transformation'이라고 부르는 것이다. 디지털 트랜스포메이션은 시기적으로 4차 산업혁명과 같이하고 있어 4차 산업혁명의 핵심으로 평가받고 있다. 인공지능과 센서·비전 기술을 활용한 무인점포 아마존고Amazon Go와 구글의 웨이모Waymo 자율자동차, 3D프린팅 기술을 활용한 아디다스의 스피드팩토리, 사물인터넷, 클라우드, 빅데이터 등을 활용한 GE의 프레딕스 등이 디지털 트랜스포메이션의 대표적인 초기 예로 볼 수 있다. 최근의 국내 사례로는 신한카드에서 메타버스 기술을 활용한 생활금융 종합 가상 플랫폼을 추진하는 것을 들 수 있다.

다음 2장에서는 디지털 트랜스포메이션이 무엇인지를 그 어원의 변화 과정이란 또다른 측면에서 살펴볼 것이다. 또한 디지털 트랜스포메이션의 사례를 적용 영역별로 소개하고자 한다.

2장

디지털 트랜스포메이션은 무엇인가

DX MANAGEMENT

1.
디지털 트랜스포메이션은 조직의 디지털화다

디지털 트랜스포메이션의 어원과 기존 정의로 접근해보자

디지털 트랜스포메이션이 무엇인지를 알기 위해서 두 방향으로 접근해 볼 수 있다. 첫 번째 접근법은 디지털 트랜스포메이션이란 단어의 어원을 찾아보는 것이다. 또 다른 방법은 컨설팅 기업이나 권위 있는 기관들에서 내린 정의를 살펴보는 것이다. 먼저 디지털 트랜스포메이션 단어의 어원은 디지타이제이션Digitization과 디지털라이제이션Digitalization에서 찾을 수 있다. 디지타이제이션은 아날로그 정보를 디지털 정보로 전환하는 '정보의 디지털화'를 의미한

디지타이제이션(정보의 디지털화)**과 디지털라이제이션**(프로세스의 디지털화)**의 예**

아날로그
(LP, 카세트)

디지타이제이션
(CD)

디지털라이제이션
(MP3 다운로드)

다. 아날로그 음악을 담고 있는 LP 레코드를 디지털 음악의 CD로 전환하는 것이 그 예이다. 디지털라이제이션은 정보의 디지털화인 디지타이제이션을 기반으로 '비즈니스 프로세스의 디지털화'를 구축하는 것이다. 예를 들어 애플이 디지털화된 음악을 아이패드와 아이튠즈를 활용하여 검색하고 판매하고 청취하게 하는 프로세스를 새로운 비즈니스 모델로 구축한 것이 디지털라이제이션의 대표적인 예이다.

시대적으로 봤을 때 정보의 디지털화인 디지타이제이션이 먼저 이루어졌고 그 이후에 프로세스의 디지털화인 디지털라이제이션으로 발전되어 왔다. 이러한 맥락에서 디지털 트랜스포메이션을 정의한다면 '조직의 디지털화'라고 할 수 있다. 조직의 디지털화는 아날로그 조직을 디지털 조직으로 전환시키는 것으로 이것이 디지털 트랜스포메이션이다. 디지털 트랜스포메이션은 기업의 모든 활동 영역을 디지털 기술을 활용하여 새로운 것으로 전환하는 것을 의미한다. 디지털의 적용 영역으로는 디지털 기술을 통해 새로운 제품이나 서비스를 창출하거나 새로운 비즈니스 모델을 만들어내

디지타이제이션, 디지털라이제이션, 디지털 트랜스포메이션의 정의와 관계

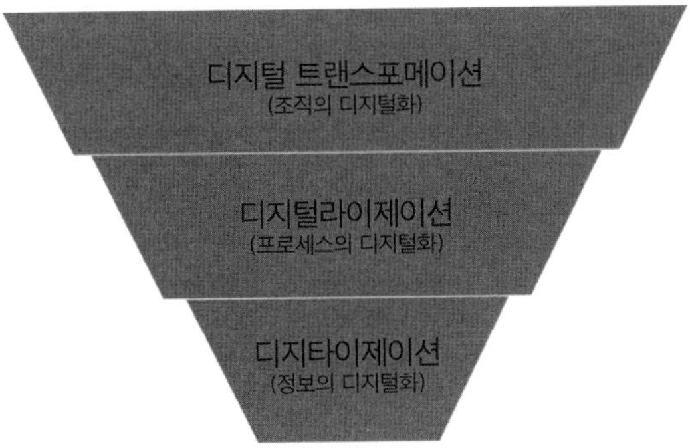

는 것을 포함해서 새로운 고객 경험을 만들어내고 운영 프로세스를 변화시키고 조직구조를 변화시키는 것이 다 포함된다. 위의 역삼각형 그림에서 보듯이 디지타이제이션Digitization, 디지털라이제이션Digitalization, 디지털 트랜스포메이션Digital Transformation의 적용 범위가 순차적으로 넓어지고 있다. 이는 디지타이제이션은 디지털라이제이션의 필수 조건이며 디지털라이제이션은 디지털 트랜스포메이션의 필수 조건이 된다는 것을 의미한다. 다시 말하면, 조직의 디지털화는 정보의 디지털화가 이루어져야 하며 디지털 정보를 활용한 프로세스의 디지털화가 전재되어야 한다.

디지털 트랜스포메이션에 관한 두 번째 접근법은 관련 업계에서 디지털 트랜스포메이션을 어떻게 정의하고 있는지를 분석해보는 것이다. 우선 디지털 트랜스포메이션이 업계에서 회자되는 정의들을 살펴보면 대부분의 정의가 비즈니스 모델에 한정된 것을 살펴볼 수 있다. 이는 '프로세스의 디지털화'인 디지털라이제이션의 개

디지털 트랜스포메이션 정의

구분	정의
베인 앤드 컴퍼니	디지털 엔터라이즈 산업을 디지털 기반으로 재정의하고 게임의 법칙을 근본적으로 뒤집음으로써 변화를 일으키는 것임
A.T.커니	모바일, 클라우드, 빅데이터, 인공지능, 사물인터넷 등 디지털 신기술로 촉발되는 경영환경상의 변화에 선제적으로 대응하고 현재 비즈니스의 경쟁력을 획기적으로 높이거나 새로운 비즈니스를 통한 신규 성장을 추구하는 기업 활동임
PWC	기업경영에서 디지털 소비자 및 에코시스템이 기대하는 것들을 비즈니스 모델 및 운영에 적용시키는 일련의 과정임
마이크로 소프트	고객을 위해 새로운 가치를 창출하기 위해 지능형 시스템을 통해 기존의 비즈니스 모델을 새롭게 구상하고 사람과 데이터, 프로세스를 결합하는 새로운 방안을 수용하는 것임
IBM	기업이 디지털과 물리적인 요소들을 통합하여 비즈니스 모델을 변화시키고 산업에 새로운 방향을 정리하는 것임
IDC	고객 및 마켓(외부환경)의 변화에 따라 디지털 능력을 기반으로 새로운 비즈니스 모델, 제품 서비스를 만들어 경영에 적용하고 주도하여 지속가능하게 만드는 것임
세계경제 포럼	디지털 기술 및 성과를 향상시킬 수 있는 비즈니스 모델을 활용하여 조직을 변화시키는 것임

(출처: 디지털리테일 컨설팅 그룹)

념에서 '조직의 디지털화'인 디지털 트랜스포메이션의 개념으로 완전히 넘어오지 못하고 있다는 것을 보여준다. 또한 초 불확실하고 초 경쟁적인 경영환경에서 기업들이 살아남고 더 나아가 지속성장을 하기 위한 새로운 해결책으로 디지털 트랜스포메이션을 제안하고 있는 것을 발견할 수 있다.

디지털 기술보다는 조직 변화가 더 중요하다

이 책에서는 디지털 트랜스포메이션을 디지털 기술을 활용한 조직의 디지털화로 보고 디지털 기반으로 비즈니스 모델의 변화를 넘어서 제품과 서비스, 운영 프로세스, 고객 경험, 조직구조를 근본적으로 변화시키는 지속적인 변화관리라는 의미로 사용하고자 한다.

조직의 디지털화라는 디지털 트랜스포메이션의 정의를 디지털 혁신의 공식과 유사한 형식으로 정리하면 다음과 같이 표현할 수 있다.

디지털 트랜스포메이션 = 조직 변화 + 디지털 기술

조직의 디지털화는 디지털 기술을 활용한 조직 변화이다. 다시 말해 이는 아날로그 기업을 디지털 기업으로 전환하는 것을 의미한다. 여기서 한 가지 주의해야 할 것은 디지털 트랜스포메이션의 공식에서의 조직 변화는 광의의 조직 변화를 의미한다는 것이다. 디지털 트랜스포메이션의 조직 변화는 협의의 조직 변화인 조직구조의 변화로만 한정하지 않고 더 넓은 의미의 조직 변화를 포함하는 것이다. 즉 디지털 트랜스포메이션의 조직 변화에는 운영 프로세스, 고객 경험, 제품과 서비스, 비즈니스 모델, 조직구조에서의 변화가 모두 포함되는 것이다. 이러한 측면에서 디지털 트랜스포메이션은 전사적인 조직 변화와 흡사하다. 그러나 예전의 조직 변화는 디지털 기술의 역할이 제한적이었던 아날로그식의 변화였다면 현재의 디지털 트랜스포메이션의 조직 변화는 디지털 기술 없이는 불가능한 디지털식 변화라고 할 수 있다.

2장에서 기존의 아날로그 기업을 어떻게 디지털 기업으로 전환시킬 것인지의 방법론에 대해 살펴본다. 과거의 아날로그식 조직 변화의 방법론 중에서 현재 상황에 적합한 방법론을 소개하는 동시에 그 방법에 따른 조직변화 과정에서 디지털 기술을 활용하는 디지털 트랜스포메이션을 실행하는 방법을 접목시키고자 한다. 디지털 트랜스포메이션은 디지털 기술을 활용한 조직 변화이기에 아날로그식 조직 변화의 방법론에 디지털 기술을 적용할 때 추가로 고려해야 하는 점들을 반영하고자 하는 것이다. 이러한 접근법은 '디지털 트랜스포메이션'에서 중요한 것은 '디지털' 기술이 아니라 '트랜스포메이션'에 있다는 사실에 기반을 둔 것이다.

최근에 『포브스』에서 발표한 12가지 디지털 트랜스포메이션 실패 원인 중에 디지털 기술에 관한 원인은 하나도 없고 12가지 실패 원인이 모두 사람과 조직에 관한 것들이었다. 이는 이 책의 디지털 트랜스포메이션의 정의로 해석하면 디지털 기술보다는 조직 변화가 성공적인 디지털 트랜스포메이션을 위해서는 더 중요하다는 것이다. 최근의 디지털 트랜스포메이션의 실패 사례를 보면 남에게 보여주기식의 디지털 립스틱의 경우를 많이 찾아볼 수 있다. 최신 디지털 기술의 도입에 대한 것은 온갖 통로를 통해 화려하게 홍보하고 있다. 하지만 정작 조직 내 구성원의 협조를 얻거나 궁극적으로 조직문화의 변화에 대한 것을 전혀 염두에 두지 않아서 결국에는 많은 자원만 헛되이 사용되는 결과를 가져오게 된다.

2장에서는 디지털 기술 자체보다는 조직 변화가 성공적인 디지털 트랜스포메이션에는 더욱 중요하다는 것에 따라 대표적인 조직 변화의 방법론을 디지털 트랜스포메이션 상황에 맞게 보완하고 수정한 것을 소개한다.

2.

디지털 트랜스포메이션은 어디서부터 적용되는가

디지털 트랜스포메이션 적용 영역을 구분하자

디지털 트랜스포메이션에 대한 더 나은 이해를 위해서 디지털 트랜스포메이션의 5개 영역, 즉 운영 프로세스, 고객 경험, 제품과 서비스, 비즈니스 모델, 조직구조에서의 대표적인 사례를 정리했다. 이들 사례는 기존 아날로그 기업의 경영자가 디지털 트랜스포메이션에 대한 폭넓은 이해를 하게 하여 성공적인 디지털 트랜스포메이션으로 인도해줄 것이다. 미리 밝혀둘 것은 설명의 편의에 의해서 디지털 트랜스포메이션의 적용 영역을 다섯 영역으로 구분했다는 점이다. 실제로 대부분의 경우에 특정 영역의 디지털 트랜스포메이션으로 구분하기가 명확하지 않다. 디지털 트랜스포메이션이 여러 영역을 걸쳐 있는 경우가 일반적이다. 디지털 트랜스포메이션은 전사적인 조직 전환이기에 궁극적으로는 기업의 모든 영역에서의 디지털 트랜스포메이션이 이루어져야 하기 때문이다. 또한 디지털 트랜스포메이션의 적용 영역을 구분하는 것은 디지털 트랜스포메이션을 시작하는 경영자에게 시작점을 어디로 할 것인지에 대한 가이드가 될 수 있다.

디지털 트랜스포메이션 적용 영역별 성공 사례를 알아보자

먼저 운영 프로세스에서의 디지털 트랜스포메이션을 이룬 사례는 호인터Hointer의 미래형 혁신 매장 운영에서 찾아볼 수 있다. '의류매장에서 고객이 느끼는 가장 불편하고 번거로운 점은 무엇일까?'라는 의문에서 시작된 호인터의 매장 운영은 디지털 트랜스포메이션의 대표적 사례라고 할 수 있다. 의류는 책이나 DVD와는 달리 구매하기 전에 입어보고 본인에게 얼마나 잘 맞는지를 확인하는 것이 필요하다. 따라서 대부분의 의류매장에는 드레스룸을 제공해 이러한 고객의 불편함을 줄이고자 한다.

그러나 드레스룸이 있다고 해서 고객의 불편함과 번거로움을 완전히 해소하는 것은 아니다. 드레스룸에서 입어봤는데 옷의 치수가 맞지 않으면 다시 해당 옷이 있는 진열 장소로 가서 다른 치수의 옷을 찾아서 또다시 드레스룸으로 가서 입어봐야 하는 과정을 되풀이하는 경우가 많다. 호인터의 매장에서 고객은 진열된 의류에서 입어보고자 하는 의류의 택을 호인터 앱이 깔린 스마트폰으로 스캔하고 원하는 치수를 선택한 이후에 들어가고자 하는 드레스룸 번호를 입력하고 그냥 드레스 룸으로 들어가기만 하면 선택한 치수의 옷이 자동으로 드레스룸으로 배달되어 온다. 고객은 배달된 옷을 입어보고 치수나 색상이 맞지 않는 경우에 드레스룸 벽면에 있는 패드에서 다른 치수나 색상을 선택하기만 하면 선택한 치수와 색상의 옷이 자동으로 드레스룸으로 다시 전달된다. 호인터의 매장 운영 시스템은 고객의 불편함을 해소해주는 것뿐만 아니라 매장 운영 프로세스에서 큰 변화를 가져왔다.

두 번째, 고객 경험의 디지털 트랜스포메이션은 로레알의 메이크업 지니어스Makeup Genius 앱을 통한 고객 개인 맞춤형 서비스를 제공해 고객 경험을 향상시킨 사례이다. 메이크업 지니어스 앱을 통해 고객은 화장품을 직접 바르지 않더라도 스마트폰으로 선택한 화장품을 바른 본인의 모습을 확인할 수 있다. 오프라인 매장에서 여러 립스틱을 시도해보는 것은 매장 직원의 눈치를 보게 되는 불편함이 있다. 이러한 불편함을 메이크업 지니어스 앱이 해소해 준다. 또한 로레알 제품을 앱을 통해 손쉽고 편하게 구매할 수 있도록 한 것이다. 로레알의 경쟁 화장품 회사인 세포라에서도 유사한 서비스를 제공해 고객 경험을 증진시키고 있다. 세포라에서는 인공지능을 활용하여 스마트폰으로 찍은 고객 얼굴의 피부톤을 분석해 고객의 피부톤에 가장 적합한 성분의 화장품을 추천하는 개인화된 서비스도 제공한다.

세 번째, 제품과 서비스의 디지털 트랜스포메이션의 예시로 아디다스의 스피드팩토리를 제시할 수 있다. 아디다스는 3D프린팅 기술을 사용해 개별 고객의 발에 맞는 운동화를 제작하는 방식으로 제품과 서비스에서의 디지털 트랜스포메이션을 달성했다. 3D프린팅으로 개인화된 운동화를 기존보다 오히려 빠른 시간에 제작하는 방식은 기존 운동화를 제작하는 방식에서는 달성할 수 없었던 신속한 개인화 맞춤형 운동화라는 새로운 제품과 서비스를 제공하는 것으로 볼 수 있다.

농기계 트랙터 제조 회사인 존디어는 트랙터에 사물인터넷 시스템을 적용하여 트랙터의 예방 정비 서비스를 제공하고 있다. 트랙터에 부착된 센서로 위치 정보를 파악하고 해당 지역의 일기예보 정보를 제공해 농사 일정 관리를 도와준다. 뿐만 아니라 비료와 농사 관련 각종 정보 제공 서비스도 하고 있다. 심지어 보험 회사와의 연계를 통해 농기계에 대한 보험서비스도 손쉽게 받을 수 있도록 하는 지능형 농사 서비스를 제공하고 있다.

네 번째, 비즈니스 모델의 디지털 트랜스포메이션은 GE의 프레딕스Predix 모델에서 찾을 수 있다. GE는 전기 관련 제품을 제작하는 제조업의 대표적인 기업이었지만 사물인터넷과 빅데이터 기술을 활용해 서비스 기업으로 탈바꿈하고 있다. GE는 제작한 엔진에 사물인터넷 센서를 부착하여 엔진의 사용 정도, 사용했을 때의 기후, 온도, 연료 사용 정도 등에 대한 데이터를 수집하고 분석하여 항공 회사에 연료 사용을 절감시켜주는 정보를 제공하거나 엔진이 고장 나기 전에 사전 검사와 수리가 필요하다는 정보를 제공해주는 서비스를 하고 있다. GE는 프레딕스의 성공에 고무돼 최근에 제조 기업에서 서비스 기업으로 전환한다고 공표하기도 했다.

또 다른 사례인 위워크는 기존 부동산 재임대 사업자와는 완전히 다른 가치를 제공하는 비즈니스 모델을 적용하고 있다. 위워크 비즈니스 모델의 핵심은 입주한 기업들을 기업과 기업으로, 직원과 직원으로 연결하는 비즈니스 네트워킹에 있다. 위워크 앱을 통해 출장을 갈 때 전 세계 위워크 사무실을 예약하고 이용할 수 있다. 또한 겟하이어드Get Hired 기능을 활용하면 위워크 입주사 커뮤니티에서 구인 구직과 채용을 손쉽게 진행할 수도 있다. 위워크 입주 기업이 됐다는 것 하나만으로 위워크의 전 세계를 아우르는 비즈니스 네트워킹과 커뮤니티에도 참여할 수 있게 된다. 이러한 위워크의 새로운 부동산 임대 비즈니스 모델은 기존의 다른 재임대 사업자와는 차원이 다른 비즈니스 모델이다. 이는 디지털 기술 없이는 불가능한 비즈니스 모델이다.

마지막으로 조직구조의 디지털 트랜스포메이션의 사례는 생명보험 회사인 ING의 애자일agile 조직 운영에서 찾을 수 있다. 기능 중심의 부서 간 경계를 허물고 소그룹의 스쿼드squad를 구성하여 업무에 대한 전권을 부여하고 수직적 직급 체계를 철폐하고 모든 업무를 수평적 분위기 속에서 고객 시각에서만 판단하도록 조직 개편을 시행한 것이다. 업무가 고객 지향적이고 매우 신속하고 민첩하게 이루어지는 장점을 가진 애자일 조직의 운영은 디지털 기술의 기반하에 가능한 것이다.

또 다른 조직구조의 디지털 전환 사례는 고객의 시각을 정확하고 신속하게 파악하기 위하여 디지털 고객 플랫폼digital customer platform을 구축하는 것이다. 디지털 고객 플랫폼을 통해 개별 고객에 대한 정보를 수집하고 저장할 수 있을 뿐만 아니라 고객에게 맞춤 서비스를 제공할 수 있다. 또한 고객 스스로 필요한 것을 찾아서 셀프 서비스를 할 수 있도록 할 수 있으며 온라인상으로 컨설팅 등을 제공할 수 있다. 이와 같이 디지털 기술을 활용하여 수평적인 조직구조로 전환하는 추세는 국내 기업에서도 찾아볼 수 있다. SK 하이닉스는 메신저를 활용하여 모든 구성원이 언제든지 협업할 수 있는 수평적 협업 체제를 구축했다.

이상 다섯 영역별로 구분해서 디지털 트랜스포메이션의 적용 사례들을 살펴보았다. 디지털 트랜스포메이션은 분명히 전사적으로 조직 변화를 가져와야 하지만 그 시작은 작은 곳에서 이루어져서 점차 전사적으로 확장되어야 하는 것을 다시 한번 강조한다. 또한 디지털 기술만을 가지고는 성공적인 디지털 트랜스포메이션을 이룰 수 없고 성공적인 조직 변화가 필요하다는 것을 잊지 말아야 한다. 디지털 기술은 조직 변화의 유용한 도구이며 그 목적이 되어서는 안 된다는 사실을 잊지 말아야 한다.

3장

디지털 트랜스포메이션의 8가지 실수를 피하자

DX MANAGEMENT

태생이 아날로그 기업인 기존 기업들은 디지털 트랜스포메이션을 어디에서부터 시작하고 어떤 단계로 추진해야 할까? 최근에 창업한 스타트업은 백지상태에서 새로운 사업을 시작하는 경우이기 때문에 디지털 트랜스포메이션을 적용하는 것이 상대적으로 쉬운 측면이 있다. 또한 디지털 기업은 그 자체가 디지털을 기반으로 한 기업이기에 상당 부분 이미 디지털 트랜스포메이션이 이루어진 상태라고 볼 수 있다.

그러나 태생이 아날로그 기반인 기존 기업들은 디지털 트랜스포메이션의 실행에 여러 어려움을 겪고 있다. 최근 국내 438개의 선도기업을 대상으로 디지털 현황을 조사한 연구에 의하면 조사 대상의 66%의 선도기업들이 디지털 트랜스포메이션의 필요성은 인식하고 있지만 어떻게 디지털 트랜스포메이션을 진행해야 하는지를 모르고 있다고 답했다. 그리고 선도기업들 중에서 25% 정도가 디지털 트랜스포메이션을 계획 중이고 단지 8%만 디지털 트랜스포메이션을 추진하고 있다고 응답했다.[1] 이 조사결과와 같이 선도기업들조차도 극히 일부 기업들만 디지털 트랜스포메이션을 추진하고 있다. 대부분의 국내 기업들은 디지털 트랜스포메이션에 대해서 손을 놓고 있다는 것이다.

이러한 상황에서 디지털 혁신과 디지털 트랜스포메이션을 다루는 대부분의 관련 서적들은 스타트업이나 디지털 기업에서 이룬 디지털 트랜스포메이션의 화려한 성공에 초점을 맞추어 소개하고 있다. 태생이 아날로그인 기존 기업들이 디지털 트랜스포메이션을 추진하기 위해 참고할 만한 지침서가 거의 없는 것이 현 상황이다. 이 책에서는 아날로그 기업의 디지털 트랜스포메이션을 위한 내용을 다루고자 한다. 다시 말해 디지털 트랜스포메이션 추진 방법을 고민하는 기존 기업들에 초점을 맞추어 디지털 트랜스포메이션을 성공적으로 실행하는 DX 경영 방법에 관한 지침서가 되고자 한다.

먼저 방법론을 소개하기 전에 디지털 트랜스포메이션의 실패를 가져오는 실수를 소개하고자 한다. 실패는 성공의 어머니라는 말이 있듯이 실패를 초래하는 실수들을 파악해서 줄이거나 없애는 노력이 성공으로 이끌어줄 수 있기 때문이다. 디지털 트랜스포메이션을 수행할 때 피해야 할 실수들을 제거하는 방안을 성공적인 디지털 트랜스포메이션의 추진 모형으로 제안한다.

1.

디지털 트랜스포메이션할 때 피해야 하는 8가지 실수가 있다

디지털 트랜스포메이션 실패 사례로부터 교훈을 얻어라

4차 산업혁명과 코로나 팬데믹은 기업에 많은 위험과 많은 기회를 동시에 제공하고 있다. 이는 기존 기업에 지속적인 생존과 성장을 위해서는 극적으로 자기 전환을 하라는 압력이 됐다. 그런데 문제는 기존 기업, 특히 아날로그 기업의 어떤 경영자들도 이러한 4차 산업혁명의 시대에 기업을 이끌어본 경험이 없을 뿐더러 어떻게 기업을 이끌고 전환시키는지를 도와줄 전문가나 참고서도 찾기가 쉽지 않다는 것이다.

이런 상황에서 퍼스트 무버 전략으로 디지털 트랜스포메이션을 추진했던 개척자 중에서 실패한 사례들이 최근에 공개되고 있다. 실패는 성공의 어머니라는 말이 있듯이 디지털 트랜스포메이션의 실패 사례들에서 팔로어들이 배울 소중한 교훈을 살펴볼 필요가 있다. 또한 과거는 미래의 거울이라는 관점에서 과거의 경영 혁신들에서 범했던 실수들도 아날로그 기업들의 디지털 트랜스포메이션을 위한 훌륭한 지침이 될 수 있다. 디지털 트랜스포메이션이란 디지털 기술을 통한 조직 변화 또는 전환이라는 전제하에 최근까지의 경영 혁신을 통한 조직 변화 관리에서 배울 수 있는 교훈을 디지털 트랜스포메이션에도 적용하는 것이 최선의 방법이 될 수 있기 때문이다.

성공한 경영 혁신으로부터 배울 수 있는 교훈도 중요하지만 실패한 경영 혁신에서 공통으로 발견되는 실수들을 살펴보고 방지하거나 그 영향을 줄이는 방안을 추진과정에 적용하는 것이 디지털 트랜스포메이션의 성공에 이르는 지름길이 될 수 있다. 이는 디지털 트랜스포메이션도 경영 혁신의 일환으로 그 뿌리를 경영 혁신에 두고 있으며 디지털 혁신과 맥을 같이 하고 있음을 전제하는 것이다.

디지털 트랜스포메이션 8가지 실수를 알아보자

첫 번째 디지털 트랜스포메이션을 시도하려고 할 때 범하는 가장 큰 실수는 경영진이나 직원들이 충분한 위기의식을 가지기 전에 디지털 트랜스포메이션을 시작하는 것이다. 디지털 트랜스포메이션의 필요성에 대한 공감대가 조성되기도 전에 최고경영자의 강력한 추진력에만 의지하여 시작하는 경우가 많다. 특히 현재까지의 성공으로 자만심이 팽배한 조직에서 디지털 트랜스포메이션을 시도하는 것은 거의 불가능하다. 자만심이 팽배한 조직에서는 대부분의 직원이 디지털 트랜스포메이션의 필요성에 대해서 인정하지 않을 뿐더러 현재 상태에 만족하여 전환을 시도하려는 상부의 협조 요청에 저항만 한다.

그 결과 모든 직원의 희생과 노력이 요구되는 디지털 트랜스포메이션은 시도조차 하지 못하게 되거나 시도를 하더라도 결실을 얻지 못하고 중단하게 된다. 경영진은 물론 모든 직원이 왜why 디지털 트랜스포메이션을 지금 시작하지 않으면 안 되는지의 위기감을 모든 방법을 동원하여 공감하도록 해야 한다. 한편 직원들은 디지털 트랜스포메이션으로 자기의 일자리가 없어질 수도 있다는 두려움을 갖다 보니 적극적으로 저항하거나 소극적으로 협조하지 않는다. 디지털 트랜스포메이션으로 인해 현재의 일자리가 없어지는 것이 아니라 직원들이 더 효율적이고 효과적으로 일할 수 있게 된다는 점을 강조하고 이해시켜야 한다.

두 번째 실수는 디지털 트랜스포메이션을 이끄는 강력한 팀을 구성하지 않은 채로 수행하는 것이다. 모든 성공적인 경영 혁신 사례에는 항상 강력한 혁신추진팀이 발견됐다. 디지털 트랜스포메이션도 강력한 추진팀이 절대적으로 필요하다. 한 사람의 최고경영자나 CIO 또는 명목적인 위원회의 노력으로 초기에 어느 정도의 성과를 거둘 수는 있다. 그러나 조만간 이런 노력을 무력화시키는 저항력이 조직 내 생겨난다. 자기 중심적인 조직 구성원들은 디지털 트랜스포메이션에 여러 가지 핑계를 대며 협조하지 않으면서 디지털 트랜스포메이션을 이끌었던 최고경영자가 제풀에 포기하게 만든다. 그리고 디지털 트랜스포메이션을 주도했던 CIO가 새로운 인물로 대체되는 경우에 그동안의 디지털 트랜스포메이션의 노력이 물거품이 되는 경우를 많이 목격해 왔다. 어느 정도 위기의식을 가진 조직이라 하더라도 핵심부서가 아닌 참모부서 책임자들로만 디지털 트랜스포메이션을 추진하는 실수를 범하는 경우가 많다. 강력한 힘을 갖는 핵심 실행부서 책임자가 참여하는 추진팀만이 조직의 타성을 극복해낼 수 있다.

디지털 트랜스포메이션은 디지털 역량을 갖춘 인재가 반드시 추진팀에 포함돼야 한다는 점도 명심해야 한다. 디지털 기술이 디지털 트랜스포메이션을 실행하는 데 없어서는 안 될 핵심 도구이기 때문에 도구에 대해서 잘 알고 있는 사람이 필요하다. 필요에 따라 디지털 인재를 채용하거나 외부 전문가를 활용해야 한다. 디지털 트랜스포메이션을 디지털 인재에게만 맡기거나, 모든 것을 외부 전문가에 의존해서는 디지털 트랜스포메이션이 보여주기식의 겉치장인 디지털 립스틱이 될 수도 있다. 외부 전문가들은 다른 기업에서의 전환 경험을 모범 사례best practice로 그대로 적용하려고 하면서 내부 구성원들의 현장 경험과 지식이 종종 간과되기 때문이다.

세 번째 실수는 비전이 없거나 장황하고 동감이 가지 않는 비전을 가지고 디지털 트랜스포메이션을 추진하는 것이다. 위기의식을 높이고 강력한 전환추진팀을 구성하는 것이 디지털 트랜스포메이션의 성공을 위해서 필요하지만 충분한 조건이 되지는 않는다. 모든 경영 혁신과 마찬가지로 디지털 트랜스포메이션의 성공 조건 중에서 미래에 대한 비전을 제시하는 것만큼 중요한 것은 없다. 비전은 구성원들에게 나아가야 할 올바른 방향을 제시하여 그 방향으로 노력을 집중하게 해서 디지털 트랜스포메이션의 성공에서 중요한 역할을 한다. 왜 디지털 트랜스포메이션을 해야 하는지에 대한 비전을 5분 안에 설명해서 구성원들을 이해시키고 관심을 끌지 못하는 한 디지털 트랜스포메이션의 결과는 불을 보듯 실패로 이르게 될 것이다.

명확하고 동감이 가는 비전과 더불어 명확한 목표와 그것을 달성하기 위한 정교한 프로세스가 반드시 제시되어야 한다. 불명확한 목표는 조직 구성원들이 디지털 트랜스포메이션에 대해 저마다 다른 해석을 하게 해 실패를 초래하게 된다. 또한 트랜스포메이션의 목표를 단순한 비용절감으로 설정하는 경우에는 제한적인 트랜스포메이션이 추진되거나 트랜스포메이션의 추진 노력이 지속적으로 이루어지지 않을 수 있다. 디지털 트랜스포메이션의 목표는 신제품과 서비스 출시, 새로운 고객 경험 제공, 새로운 비즈니스 모델 개발 등 과감하게 설정돼야 전사적 트랜스포메이션을 추진하게 되는 것이다.

디지털 트랜스포메이션의 비전과 전략 설정과 관련하여 가장 자주 범하는 실수는 디지털 트랜스포메이션의 비전과 전략을 먼저 설정하기보다는 특정 디지털 기술의 도입을 미리 염두에 두고 트랜스포메이션을 추진하는 경우이다. 특정 디지털 기술을 먼저 고려한 트랜스포메이션은 그 범위에서도 한정적일 수밖에 없다는 한계가 존재한다. 진정한 디지털 트랜스포메이션은 특정 디지털 기술 단독으로 이룰 수 있는 것이 아니기 때문이다. 목표와 수단이란 관계에서 수단인 도구가 제대로 제값을 하는 경우는 의도했던 목표를 달성하기 위해 사용될 때이다. 디지털 기술과 조직 전환의 관계에서 조직 전환이 먼저이고 디지털 기술은 그다음이어야 한다. 디지털 기술은 그 자체로 의미가 있거나 가치가 있는 것이 아니라 새로운 고객경험이나 새로운 비즈니스 모델에 활용될 때 가치를 창출한다.

네 번째 실수는 디지털 트랜스포메이션의 비전을 전사적으로 전파하지 못하여 조직 구성원들의 마음을 사로잡지 못하는 것이다. 구성원을 이해시키고 관심을 끌 만한 비전을 만들었다고 하더라도 그 비전을 일부 경영진만이 공유하거나 전사적으로 전파하지 않는다면 디지털 트랜스포메이션은 절대 성공할 수 없다. 대다수의 조직 구성원들이 희생을 감수하면서까지 디지털 트랜스포메이션을 지원할 의지가 없다면 전사적인 디지털 트랜스포메이션은 기대할 수가 없기 때문이다. 비전을 효과적으로 전파하는 가장 좋은 방법은 경영진이 솔선수범하여 행동으로 보여주는 것이다. 여러 홍보활동을 통해 디지털 트랜스포메이션의 비전을 활발하게 전파하고 있다. 하지만 정작 영향력 있는 경영진이 여전히 디지털 트랜스포메이션의 비전에 역행하는 행동을 함으로써 조직 전체 분위기가 냉소적으로 흘러 디지털 트랜스포메이션에 대한 믿음이 점점 약화되는 경우가 종종 목격되고 있다. 신뢰를 바탕으로 효과적인 커뮤니케이션을 통해 비전을 전달하지 않으면 조직 구성원들의 마음을 절대 사로잡을 수 없다.

다섯 번째 실수는 디지털 트랜스포메이션을 수행하는 동안 직면하는 장애물들을 그대로 둔 채로 디지털 트랜스포메이션을 추진하는 것이다. 디지털 트랜스포메이션을 실행에 옮기기 위해서는 반드시 많은 사람이 움직여주어야 한다. 조직 구성원들이 새 비전을 수용한다고 하더라도 그들의 앞길을 가로막는 커다란 장애물 때문에 무력감에 빠진다면 새로운 디지털 트랜스포메이션은 실패로 끝나기 쉽다. 조직구조, 업적 평가 제도, 보상 제도가 새로운 비전을 수용하는 것을 방해하는 원인이 되기도 한다. 그러나 무엇보다도 디지털 트랜스포메이션의 비전 수용을 가로막는 가장 큰 장애 요인은 새로운 환경에 적응하기를 거부하거나 디지털 트랜스포메이션을 지지하지 않는 일부 고위경영자들의 태도에서 찾아볼 수 있다. 이러한 일부 고위경영자들을 내버려둔 채 디지털 트랜스포메이션을 추진하는 결과는 실패할 수밖에 없다. 디지털 트랜스포메이션에 방해가 되는 고위경영자들에 대해 적절한 조치를 하여 디지털 트랜스포메이션에 동참시켜야 한다. 최후의 수단으로는 해당 경영자들을 이직시키는 것도 고려해야 한다.

또한 사일로의 조직구조로 부서 간의 협력이 잘 이루어지지 않는 경우에도 전사적인 조직 변화인 디지털 트랜스포메이션의 결과는 실패로 가게 된다. 그리고 업적 평가 제도나 보상 제도도 디지털 트랜스포메이션의 추진에 방해되지 않게 변경되어야 한다. 업적 평가 제도나 보상 제도를 변경할 경우에 구성원의 동기 부여는 반드시 금전적 보상에 의해서만이 아니라 조직 내에서의 인정과 디지털 트랜스포메이션을 함께 이끌고 있다는 자부심이란 점을 명심해야 한다.

여섯 번째 실수는 단기간에 가시적인 성과를 보여주지 못하는 것이다. 디지털 트랜스포메이션은 기존의 어떤 경영 혁신보다 더 오랜 시간을 필요로 한다. 그러나 우선 짧은 시간 내 이룰 수 있고 또 모든 조직 구성원이 축하할 수 있는 단기 목표가 빠져서는 안 된다. 짧은 기간 내 가시적인 결과를 보여주지 못하면 대대적이고 장기적인 디지털 트랜스포메이션은 추진력을 잃어버릴 수 있다. 6개월이나 1년 정도는 조직 구성원들을 디지털 트랜스포메이션에 동참시키는 것이 어렵지 않다. 하지만 이 기간 내에 가시적인 성과가 나오지 않는 경우에 조직 구성원들은 점차 피로감이 쌓이고 디지털 트랜스포메이션에 대한 회의감을 가지게 되어 디지털 트랜스포메이션이란 대장정에 동참하려 들지 않는다.

단기적 성공을 이루겠다는 확고한 의지는 자만심을 추방하고 세

밀하고 분석적인 생각을 촉진시킴으로써 비전을 더욱 명료하게 부각시키고 실현하는 데 많은 도움을 준다. 단기적인 성과 내기가 장기적인 프로젝트인 디지털 트랜스포메이션의 지속적인 추진을 가능하게 하는 모멘텀이 되어 성공적인 전환으로 이끄는 가장 중요한 요인이라고 볼 수 있다. 따라서 3부에서는 어디에서 그리고 어떻게 단기적인 성과를 낼 수 있는지에 관해 상세히 소개할 것이다.

일곱 번째 실수는 샴페인을 너무 일찍 터뜨리는 것이다. 디지털 트랜스포메이션의 가시적인 성과를 축하하는 것은 좋지만 1~2년 만에 모든 일이 다 끝났다고 선언하는 것은 치명적인 실수이다. 디지털 트랜스포메이션이 깊게 뿌리내려서 조직문화까지 바뀌는 데는 최소 3년 이상의 시간이 걸린다. 그런데 조직문화의 전환이 이루어지기도 전에 샴페인을 너무 일찍 터뜨리면 지금까지 어렵게 이룩해 놓은 전환을 쉽게 허물어뜨리고 과거로 회귀할 가능성이 매우 크다. 가시적인 성과를 축하하는 상황에 디지털 트랜스포메이션에 저항했던 세력들이 끼어들어 지금 이룩한 성과라면 충분히 디지털 트랜스포메이션은 이루어졌으니 노력을 잠시 멈추거나 끝내자는 주장을 펼치게 된다.

이러한 분위기는 디지털 트랜스포메이션을 추진해왔던 사람들을 꼼짝 못 하게 만든다. 디지털 트랜스포메이션을 일부 사업부나 주요 운영 프로세스를 대상으로 시작하는 것이 일반적이다. 그런데 이 파일럿 프로젝트가 완료될 때쯤에 경영진들이 트랜스포메이션이 끝났다고 착각하는 경우가 있다. 디지털 트랜스포메이션의 파일럿 프로젝트의 수준을 뛰어넘어 다른 사업부나 프로세스로 확대 적용하지 못하고 방향을 잃어버리는 상태에 빠지게 된다. 이러한 상태를 파일럿의 함정pilot trap에 빠졌다고 하는 것이다. 이 파일럿의 함정에 빠진 경우도 샴페인을 일찍 터뜨리는 실수에 해당한다.

마지막으로 여덟 번째 실수는 디지털 트랜스포메이션을 조직문화로 승화시키지 못하는 것이다. 새로운 조직 규범이나 공유 가치관에 뿌리를 둔 디지털 트랜스포메이션 행동들이 자연스럽게 나오기 전에 디지털 트랜스포메이션의 압력이 없어지면 성공했다고 믿었던 모든 노력이 하루아침에 물거품이 되는 수가 있다. 디지털 트랜스포메이션이 우리 회사에서는 일상적인 것으로 정착됐다는 말이 쉽게 나올 때, 그 새로운 전환 정신이 회사의 단위 부서나 회사 전체의 뼛속까지 스며들었을 때 디지털 트랜스포메이션이 진정으로 회사 내에 정착됐다고 볼 수 있다.

이와 같이 조직문화로 디지털 트랜스포메이션이 승화됐을 때 디지털 트랜스포메이션이 진정으로 성공한 것이다. 디지털 트랜스포메이션이 조직문화로 승화되어야 한다. 그러기 위해서는 디지털 트랜스포메이션에서 권장하는 행동이나 태도가 업무성과 향상에 어떻게 기여하는가를 구성원들에게 널리 홍보해야 한다. 그리고 디지털 트랜스포메이션이 뿌리내리게 하기 위해서는 회사의 앞날을 책임질 차세대 경영자들이 디지털 트랜스포메이션을 지속적으로 실천할 수 있도록 교육시키거나 그에 맞게 다시 만들어진 승진 기준에 의해 선발되도록 해야 한다. 디지털 트랜스포메이션을 이끌었던 경영자들을 교체하는 과정에서 후임 경영자들이 디지털 트랜스포메이션에 대한 인식이나 실천 의지를 갖추지 않는다면 지금까지 이루었던 디지털 트랜스포메이션의 성과는 금세 없어지고 다시금 과거로 돌아가게 된다. 기존 기업에서 디지털 트랜스포메이션 문화를 구축하기 위해서는 디지털 태생 스타트업의 의사결정, 실험정신, 조직구조, 성과 평가와 보상 제도 등을 참고할 필요가 있다.

디지털 트랜스포메이션을 추진하는 과정에서 여덟 가지 실수 가운데 하나라도 범한다면 심각한 결과를 가져올 수 있다. 디지털 트랜스포메이션의 추진을 늦춘다든지, 불필요한 저항을 불러일으킨다든지, 구성원들이 좌절감을 느끼게 한다든지, 시작은 했지만 더 이상 진전을 시키지 못하고 마는 실수들은 결과적으로 조직에 크나큰 어려움을 가져온다. 디지털 트랜스포메이션은 초불확실하고 초경쟁적인 환경에서 생존하기 위해 반드시 성공해야 하는 경영 혁신이기 때문이다. 다행히 이 실수들을 피할 수 있다. 상황을 분명히 인식하고 해결할 수 있는 능력을 갖추고 있으면 피할 수 있고 그 영향을 크게 줄일 수 있다.

2.

조직 변화관리 모형으로 8가지 실수를 피할 수 있다

8가지 실수를 피하는 것이 필요하다

경영 혁신을 성공시키는 방법들은 많다. 이들 방법은 한 가지 공통된 시사점을 제공하고 있다. 혁신은 쉽게 이루어지지 않는다는 것이다. 경영 혁신의 필요성은 인정하지만 시작조차 못 하는 경우가 아주 흔하다. 이는 아날로그 기업의 디지털 트랜스포메이션의 상황에서도 동일하게 나타나는 현상이다.

디지털 트랜스포메이션을 시작조차 못 하거나 추진하더라도 정체되거나 실패로 끝나게 하는 요인들을 들어보면 조직 내 위기의식 부족, 혁신을 주도하는 리더 그룹의 부재, 혁신의 비전과 목표에 대한 공감대 부족, 혁신의 단기 성과의 가시화 미흡, 지속적인 혁신의 조직문화 미정착 등이다. 이러한 요인들은 앞에서 언급한 8가지 실수들이다. 성공적으로 디지털 트랜스포메이션을 추진시키기 위해서는 이러한 실수들을 단계적으로 하나씩 제거하는 변화 과정이 중요하다.

존 코터의 8단계 조직 변화관리 모형을 적용해 보자

경영 혁신을 통한 조직 변화관리의 교과서로 평가받는 존 코터의 8단계 변화관리 모형은 디지털 트랜스포메이션의 훌륭한 가이드가 될 수 있다.[2] 우리는 경영 혁신의 8단계 변화관리 모형을 통해 디지털 트랜스포메이션을 성공적으로 완수할 수 있다고 확신한다. 이는 디지털 트랜스포메이션이 존 코터의 조직 변화와의 차이점은 단지 디지털 기술을 조직 변화의 주요 도구로 사용한다는 점에 기반을 둔 확신이다. 또한 '디지털 트랜스포메이션'에서 '디지털'보다는 '트랜스포메이션'이 더 중요한 성공 열쇠라는 점에 근거한 것이다.

디지털 트랜스포메이션의 결정적인 성공 요인은 디지털이란 기술적인 요인에 있는 것이 아니라 인적 또는 조직 요인인 트랜스포메이션에 있다는 사실을 실패 사례에서 명확하게 파악됐기 때문이다. 결국 디지털 트랜스포메이션의 성공은 조직 구성원의 사고방

디지털 트랜스포메이션의 추진 8단계

분위기 조성

1단계: 위기감 조성
- 시장 및 경쟁 환경 분석
- 현재 위기, 미래 위기, 사업 기회 요인 파악 및 검토
- 본다 → 느낀다 → 변화한다 원리 적용

↓

2단계: 전환추진팀 구성
- 영향력 있는 사람들을 모아 디지털 트랜스포메이션을 주도할 내부 전담팀 구성
- 디지털 역량을 갖춘 인재를 찾고 구하고 필요 시 외부에서 영입

↓

3단계: 비전 및 전략 개발
- 디지털 트랜스포메이션의 방향을 제시하기 위한 비전 개발
- 비전 실현을 위한 구체적 전략 개발
- 전략 달성에 필요한 디지털 기술 파악

추진 노력 강화

↓

4단계: 새로운 비전 전파
- 모든 방법을 동원하여 새로운 비전과 전략을 널리 알림
- 모든 구성원이 새로운 비전을 공유하도록 지속적으로 전파
- 최고경영진과 전환추진팀이 솔선수범

↓

5단계: 전환 장애물 제거
- 디지털 트랜스포메이션에 방해가 되는 장애물 제거
- 비전 실현에 걸림돌이 되는 조직구조나 보상 제도 등을 변경
- 위험 부담, 틀에 박히지 않은 새로운 아이디어, 행동, 활동 권장

↓

6단계: 단기적 성과 내기
- 6개월이나 1년 안에 가시적인 성공 사례를 의도적으로 계획
- 계획된 성공 사례 실현
- 사례를 성공시킨 사람들을 공개적으로 칭찬하고 포상

지속적인 추진과 유지

7단계: 디지털 트랜스포메이션의 추진력 가속화
- 맞지 않는 시스템, 조직구조, 운영 지침 개혁
- 비전을 실현시킬 수 있는 능력 있는 사람을 채용, 개발, 승진시킴
- 새로운 프로젝트를 추진하거나 새로운 구호, 새로운 혁신 세력을 등장시켜 지속적으로 분위기 쇄신

8단계: 디지털 트랜스포메이션을 조직문화 차원으로 승화
- 새로운 디지털 트랜스포메이션의 행동 규범과 그로 인한 성과의 관계를 명확히 설명
- 디지털 트랜스포메이션 사고를 하는 경영자 승계 제도 정착

식 전환을 포함한 조직 전환 관리를 지속적으로 얼마나 원활하고 효과적으로 진행하는지에 달려 있다. 즉 디지털 트랜스포메이션을 통해 지속성장을 하기 위해서는 조직의 DNA를 아날로그에서 디지털로 전환하는 것이 관건이다.

위의 표는 존 코터의 변화관리 8단계를 디지털 트랜스포메이션에 적용하기 위해 수정한 디지털 트랜스포메이션 추진 단계이다. 이 8단계는 앞서 설명한 디지털 트랜스포메이션 추진 과정에서 범해지는 공통적인 8가지 실수를 줄이기 위한 방책이다. 디지털 트랜스포메이션의 추진 8단계는 ① 위기감 조성하기, ② 전환추진팀 구성하기, ③ 비전 수립하기, ④ 비전 전파하기, ⑤ 전환 장애물 제

거하기, ⑥ 단기적 성과 올리기, ⑦ 전환 추진력 가속화하기, ⑧ 디지털 트랜스포메이션을 조직문화 차원까지 승화시키기 등이다.

처음 세 단계는 불안함과 자만심으로 딱딱하게 굳어 있는 현재의 상태를 유연하고 부드럽게 만드는 해빙 작업을 통해 전환 추진을 위한 건전한 토대를 형성하는 '분위기 조성' 과정이다. 전환이라는 것이 본질적으로 쉬운 것이라면 이런 노력은 필요 없을 것이다. 분위기 조성 과정에서 조직 구성원들이 모두 디지털 트랜스포메이션이 반드시 필요하다는 분위기 조성이 필요하다.

4단계에서 6단계까지는 분위기가 조성된 디지털 트랜스포메이션의 추진력을 강화하기 위한 '추진 노력 강화'의 단계이다. 비전을 전파하여 디지털 트랜스포메이션의 명확한 목표를 모든 구성원이 공유하게 하고 필요하면 디지털 트랜스포메이션에 방해가 되는 장애물들을 제거해야 한다. 디지털 트랜스포메이션의 추진력을 강화하기 위한 가장 효과적인 모멘텀은 단기간 내 가시적인 성과를 내는 것이다.

마지막 7단계와 8단계는 새로운 변화를 조직문화 속에 정착시켜서 체질화하는 '지속적인 추진과 유지' 과정이다. 이러한 사후관리 과정이 없으면 디지털 트랜스포메이션의 마무리를 소홀히 하게 된다. 결국 디지털 트랜스포메이션은 지속적인 성과를 내지 못하고 한시적인 노력으로 물거품이 되고 말 것이다.

4장

디지털 트랜스포메이션 성공을 위한 전제조건을 명심하자

DX MANAGEMENT

1.

성공 전제 조건이 있다

반드시 고려해야 할 전제 조건들을 점검하라

디지털 트랜스포메이션의 추진 8단계에 대해 더 자세히 살펴보기 전에 디지털 트랜스포메이션의 8단계를 성공적으로 추진하기 위해서 반드시 고려해야 하는 전제 조건들을 정리하고자 한다.

먼저 디지털 트랜스포메이션을 성공하기 위해서는 디지털 트랜스포메이션의 8단계를 순차적으로 모두 밟아야 한다. 실제로는 복수의 단계를 동시에 진행하는 것이 일반적이지만 단 한 단계라도 건너뛴다든지 기초를 다지지 않은 상태에서 너무 빨리 다음 단계로 나가면 항상 문제가 발생한다. 일반적으로 성과를 빨리 보여주겠다는 압박감 때문에 단계를 건너뛴다. 또는 나름 옳다고 생각해서 순서를 바꾸기도 한다. 그리고 전환 활동이 자연스럽지 않고 억지로 또는 기계적으로 진행되면 전환은 그간의 타성을 극복할 수 있는 강력한 힘을 만들어내지 못해 결국 실패하게 된다. 디지털 트랜스포메이션과 같은 전사적인 변혁은 그 자체가 다단계 변화 과정을 거치는 다수의 소규모 프로젝트들로 구성된다. 따라서 어느 일정 시점에서 보면 전체 디지털 트랜스포메이션으로 봐서는 절반 정도 완성됐다고 볼 수 있다. 하지만 그 속에 있는 일부 프로젝트는 이미 종료됐고 또 다른 프로젝트는 이제 막 시작하는 단계에 있을 수 있다. 전체적으로 보면 돌아가는 바퀴 안에 또 다른 바퀴가 돌아가고 있는 것과 같아 보인다.

행동을 바꾸는 요체는 감성의 변화에 있다

두 번째는 디지털 트랜스포메이션은 복잡하고 역동적이며 종잡을 수도 없는, 때로는 두렵기까지 한 일이라는 것이다. 따라서 디지털 트랜스포메이션을 시도하는 초기에 단순하고 직선적이며 분석적인 과정만으로 대대적인 혁신을 추구할 수 있다고 믿는다면 십중팔구 실패하고 말 것이다. 성공적 디지털 트랜스포메이션 과정에는 기초자료 모으기, 대안 찾아내기, 논리적으로 분석하기, 최적의 대안 선택하기 등의 '분석한다 – 생각한다 – 변화한다'의 전형적인 문제해결 절차 이상의 것도 필요한 것이다.

디지털 트랜스포메이션의 성공적인 8단계의 모든 단계에서 '본다 – 느낀다 – 변화한다'의 원리가 필요하다. 8단계에서 가장 중요한 도전 과제는 사람의 행동을 변화시키는 것이다. 전략, 시스템, 문화 등도 중요한 요소지만 핵심은 역시 사람의 행동이기 때문이다. 행동을 대폭으로 바꾸겠다는 변화 의지가 중요하다.

누군가의 사고를 바꾸고 싶다면 분석적 사고방식에 기반을 둔 분석 자료만 제공해서는 행동 변화까지 끌어낼 수 없다. 이러한 사실은 특히 대규모 조직 변화에서 두드러진다. 행동의 변화까지 끌어내기 위해서는 감정에 호소하는 무언가를 직접 보게 하는 것이 중요하다. 물론 성공하는 기업을 보면 분석적 사고와 감정을 모두 발견할 수 있다. 하지만 변화의 요체는 역시 감정이다. '본다 – 느낀다 – 변화한다'의 감정에 기반을 둔 흐름은 '분석한다 – 생각한다 – 변화한다'의 흐름보다 훨씬 더 효과적이다. 본다와 분석한다, 느낀다와 생각한다의 구분이 매우 중요하다.

고도의 리더십이 필요하다

세 번째는 고도의 리더십이 반드시 수반되어야 전환이 성공할 수 있다는 것이다. 디지털 트랜스포메이션에서 요구되는 리더십이란 급변하는 경영환경에 따라 조직을 새로 만들거나 바꾸어나가는 일련의 과정에서 미래를 예측하고 조직 구성원을 미래의 비전에 맞게 정렬시키고 어떠한 장애가 있더라도 성취하도록 잘 인도해 나가는 것이다. 디지털 트랜스포메이션의 리더로 단지 최고경영자 한 사람이나 극소수의 사람으로 시작되지만 아주 작은 조직을 제외하고는 디지털 트랜스포메이션을 추진하는 과정에서 그 수가 점점 많아져야 한다.

성공적인 디지털 트랜스포메이션이란 수많은 사람이 리더를 따르게 만드는 마법을 구사할 줄 아는 단지 한 사람의 최고경영자로 이루어지는 것이 아니다. 오늘날 조직은 너무 복잡해서 단 한 사람의 거인도 변화시킬 수 없다. 많은 사람이 리더를 도와주어야 한다. 이는 각자의 활동 영역에서 자기 직분에 맞게 리더를 돕는 것이다. 또한 디지털 트랜스포메이션을 잘 관리하는 것도 중요한 일이다. 탁월한 관리 능력이 없다면 전환 과정은 걷잡을 수 없이 혼란에 빠질 수도 있다.

그러나 관리보다 더 중요하고 힘든 일은 앞장서서 변화를 선도하는 리더십이다. 오직 리더십만이 직원의 행동을 바꾸도록 동기를 유발할 수 있고 디지털 트랜스포메이션을 조직문화 차원으로 승화시킬 수 있다. 이러한 디지털 트랜스포메이션을 선도하는 리더십은 디지털 기술에 대한 이해도와 활용 방안에 대한 지식을 갖추는 디지털 리더십이어야 한다. 전문가 수준은 아니더라도 디지털 기술에 대한 기본적인 이해를 갖춘 리더야말로 디지털 트랜스포메이션 추진 동력이 떨어지는 것을 막을 수 있다. 리더십이 디지털 기술을 활용한 조직의 변화된 모습에 대한 명확한 그림을 가지고 있어야 한다. 그러면 디지털 트랜스포메이션 추진 초기에 두려워하거나 방어적인 직원들을 설득할 수 있을 뿐만 아니라 추진 이후에 계속되는 노력에 피로감을 갖는 직원들에게 추진 동력을 다시금 가질 수 있게 한다. 두 번째 본다-느끼다-변화한다의 원리와 세 번째 디지털 리더십의 전제 조건들은 다음 두 절에서 각각 더 설명된다.

2.

'본다-느낀다-변화한다' 원리를 사용하라

'본다-느낀다-변화한다' 원리는 조직 구성원의 행동 변화에 필수적이다

사람의 행동을 바꾸기란 매우 어렵다. 그런데 디지털 트랜스포메이션 정의 자체에 조직 변화 또는 전환을 포함하기 때문에 조직 구성원의 행동 변화가 반드시 이루어져야 성공적인 결과를 거둘 수 있다. 대부분 기업에서는 공식적인 데이터 수집과 분석, 보고서 작성과 발표 등을 통해 사고를 바꿈으로써 행동을 바꾸고자 한다. 이 과정을 '분석한다 - 사고한다 - 변화한다'로 요약할 수 있다. 그러나 이 방법보다는 문제가 무엇인지 그리고 문제를 어떻게 해결해야 하는지를 사람들에게 보여주는 것(본다)에 중점을 두는 방법이 성공적인 변화에 더 효과적일 수 있다.

위기 상황을 '보게' 되면서 위기감을 느끼고 변화 행동을 취하게 되는 것은 인류의 원초적인 생존 방식에서 볼 수 있는 인간의 본능이기 때문이다. 원시 시대에 인류의 조상들은 공룡이나 동물들을 분석해서 대처한 것이 아니라 공룡이 눈에 띄면 본능적으로 위기감을 느끼고 적절한 행동을 했다. 현재 인간의 DNA에는 원시 조상의 이러한 원초적인 생존 방식이 그대로 유전되어 왔다. 분석이 아니라 '본다'로 시작하는 방법은 변화를 방해하거나 억제하는 감정들은 감소시키고 변화를 고취하고 유용한 행동을 유도하는 감정들은 증대시킨다. 이렇게 해서 감정적인 반응이 일어나게 되면 이후부터는 아무리 큰 어려움이 닥쳐와도 변화 과정을 따라 움직일 에너지를 얻는다. 이러한 과정을 '본다-느낀다-변화한다'로 정리할 수 있다.

- 본다: 변화관리는 우리의 문제가 무엇인지 그리고 문제를 어떻게 해결해야 하는지를 사람들에게 보여주는 것으로 시작해야 한다.
- 느낀다: 시각화를 통해 유용한 변화를 유도하는 감정을 자극하거나 그러한 변화를 방해하려는 감정은 누그러뜨린다. 이에 따라 사람들 사이에 위기감이 고조된다. 반면 분노, 자만, 냉소주의, 공포는 수그러든다.

• 변화한다: 새로운 감정은 새로운 행동, 경우에 따라서는 완전히 다른 행동을 불러일으키고 또 강화한다. 사람들이 자기만족에 빠져 행동하는 일이 드물어진다. 훌륭한 비전을 실현하기 위해 더 열심히 노력한다. 목표 달성 전에는 아무리 긴 여정이 남아 있더라도 중단하지 않는다.

'분석한다-생각한다-변화한다' 프로세스에는 한계가 있다

조직 변화에 성공을 거둔 사례에서도 '본다 – 느낀다 – 변화한다'의 변화 프로세스가 '분석한다 – 생각한다 – 변화한다'의 변화 프로세스보다는 더 핵심적인 방법으로 사용된 것이 자주 발견됐다. 이 두 변화 프로세스의 가장 큰 차이점은 각각 본다와 분석한다는 시작점의 차이에 있다. 기업들이 경영 혁신과 같은 새로운 프로젝트를 추진할 때 제일 먼저 해 온 것이 관련 자료를 수집하고 분석하는 것이었다. 자료 분석을 통해 나온 결과에 대해 사고하여 그 실행 계획을 작성하고 실행하는 과정은 논리적인 의사결정 과정으로 간주되어 왔다.

그러나 이러한 변화 과정에는 3가지 한계가 있다. 첫째, 중요한 사실을 발견하는 데는 분석이 필요 없는 경우가 많다. 예를 들어 예전 전략이 더 이상 효력이 없거나 새로운 전략이 전혀 먹혀들지 않는다는 사실을 발견하는 데는 그다지 큰 노력이 필요하지 않다.

본다-느낀다-변화한다와 분석한다-생각한다-변화한다의 비교

본다-느낀다-변화한다	분석한다-생각한다-변화한다
1. 사람들이 볼 수 있도록 돕는다. 설득력이 있고 눈에 띄며 극적인 상황이 연출되도록 하여 사람들이 디지털 트랜스포메이션의 필요성과 디지털 트랜스포메이션의 8단계 과정에서 나타나는 어려움을 극복하는 진행 상황을 눈으로 볼 수 있도록 돕는다.	1. 사람들에게 분석 자료를 제공한다. 정보를 모으고 분석하여 보고서를 작성한다. 그 보고서를 바탕으로 디지털 트랜스포메이션의 필요성과 디지털 트랜스포메이션의 8단계 중 나타난 어려움을 극복하는 진행 상황에 대한 발표를 한다.
2. 새로운 것을 보면 감정이 움직인다. 새로운 것을 눈으로 확인하면 사람들은 피상적인 사고에서 벗어나 마음 깊이 디지털 트랜스포메이션의 필요성을 받아들이게 된다. 직접 확인함으로써 마음속 깊이 반응하게 되어 지금까지 변화를 가로막던 부정적인 감정들을 약화시킬 수 있게 되고 변화를 지지하게 된다.	2. 데이터와 분석 자료는 사고하는 방식에 영향을 준다. 정보와 분석 자료가 사람들의 사고를 바꾼다. 사람들은 필요한 변화와 일치하지 않는 사고들을 버리거나 조정한다.
3. 감정적으로 지지하는 변화는 행동을 변화시키거나 행동 변화를 강화한다.	3. 새로운 사고는 행동을 변화시키거나 행동의 변화를 강화한다.

또한 디지털 트랜스포메이션을 하지 않으면 생존할 수 없으며 착수하는 것이 급선무라는 점을 알아내기 위해서는 두툼한 재무 데이터는 필요 없다.

둘째, 불확실한 상황에 적용하기에는 분석 도구 자체에 한계가 있다. 분석 도구는 변수가 잘 알려져 있고 가정들이 적고 미래가 불확실하지 않은 상태에서 적용이 쉽다. 4차 산업혁명의 한가운데에 있는 현 상황에는 모든 것이 불확실하기 때문에 정확히 분석하는 것 자체가 불가능하다.

셋째, 정확한 분석만으로는 사람들에게 강한 동기를 부여하기 힘들다. 분석 결과로 사람들의 생각을 바꿀 수는 있지만 행동 변화까지 끌어낸 적은 별로 없다. 동기부여라는 단어 자체도 생각이 아닌 감정과 관련된 단어라는 점에서 알 수 있는 사실이다.

그렇다고 분석한다 – 생각한다 – 변화한다 원리가 전혀 불필요한 것임을 주장하는 것은 아니다. 인간의 감정에 터치해서 변화에 대한 필요성을 느끼게 하여 행동을 변화시키는 것이 매우 효과적이고 지속적으로 영향력을 발휘하는 행동 변화 원리이다. 하지만 이 원리만을 고수할 필요는 없다. 분석한다/본다 – 느낀다/생각한다 – 변화한다와 같이 두 원리를 복합적으로 사용하는 것을 제안하고자 한다. 또 한 가지 강조하고자 하는 것은 이 변화 원리가 디지털 트랜스포메이션의 추진 1단계인 위기감 조성에만 적용되는 것은 아니다. 모든 8단계 전체에 걸쳐 적용된다는 것이다. 이와 관련하여 더 자세한 내용은 2부에서 살펴보고자 한다.

3.

디지털 리더십을 발휘하라

전환의 리더는 무엇을 해야 하는가

디지털 트랜스포메이션을 성공적으로 이끌기를 원하는 리더는 우선 조직 전환 과정에서 '본다 – 느낀다 – 변화한다' 원리를 중심으로 '분석한다 – 생각한다 – 변화한다' 원리를 보완적으로 적용할 수 있어야 한다. 이것을 기본으로 하면서 디지털 트랜스포메이션을 성공적으로 이끌어 나가는 데 전환의 리더들이 해야 하는 역할을 디지털 트랜스포메이션의 8단계별로 정리한다. 이러한 리더의 역할을 디지털 리더십으로 정의할 수 있다.

1단계: 위기감 조성

전환을 성공으로 이끄는 리더들은 대부분 가장 먼저 관련된 사람들 사이에 위기감을 불러일으킨다. 전환에 성공하지 못하는 리더들은 매우 적은 수의 사람들만을 참여시켜서 전환을 추진하려고 한다. 심지어는 다른 사람은 전혀 참여시키지 않고 독단적으로 전환을 추진하는 경우도 있다. 그 결과 과도한 자기만족이나 두려움 또는 분노가 야기되어 전환에 큰 장애가 된다. 반면 매우 창의적인 방법으로 위기감을 조성하여 사람들 스스로 자리를 털고 일어나서 정체된 현실을 타개하기 위해 움직일 태세를 갖추게 하는 리더들도 있다.

2단계: 전환추진팀 구성

위기감이 확산되고 나면 성공하는 전환의 리더는 전환 리더십을 발휘하여 디지털 트랜스포메이션에 필요한 사람들을 모아 전환추진팀을 만들어야 한다. 디지털 트랜스포메이션 추진팀을 구성할 때 흔히 저지르는 실수는 디지털 기술 인력 위주로 추진팀을 구성하거나 IT 부서에 디지털 트랜스포메이션 추진을 전적으로 배정하는 것이다.

디지털 트랜스포메이션에서 디지털에만 치중하는 추진팀 구성은 디지털 립스틱과 같은 겉만 번지르르한 결과를 만들어내고 정작 실무진에게는 도움이 되지 않는 변화를 가져오게 된다. 전환추진팀은 신뢰성 있는 사람, 훌륭한 자질을 갖춘 사람, 인간관계를 맺는 능력이 뛰어난 사람, 평판이 좋은 사람, 공식적인 권위를 가진 사람 등으로 구성해야 한다. 이러한 사람들이 모인 전환추진팀은 상호 신뢰와 감정적으로도 몰입할 수 있는 훌륭한 팀이 된다.

성공하지 못하는 전환의 리더는 소수의 사람에게만 의존하거나 아무에게도 의지하지 않는다. 정작 주어진 일을 수행하는 데 필요한 재능, 자질, 권력을 갖춘 사람들은 참여하지 않는 태스크포스나 위원회에만 의존한다. 결국 모든 계획은 원하는 변화를 만들 능력이 없는 팀에 의해 부질없는 것이 되고 만다.

3단계: 비전과 전략 개발

성공하는 전환의 리더는 전환추진팀이 직접 모든 상황을 고려하여 명확하고 간결하며 분위기를 고양시킬 수 있는 비전과 전략을 개발할 수 있도록 전폭적인 지원을 제공해야 한다. 불명확한 비전이나 예산만을 제공해서는 전환추진팀이 제대로 디지털 트랜스포메이션을 추진할 수 없다. 명확한 비전이 없는 계획과 예산 수립만으로는 성공에 이르기에 부족하다.

또한 비전이 변화 추세나 회사의 현실을 제대로 반영하지 못하고 있다든지, 비전이 리더 혼자만에 의해서 개발된다든지 해서 전환추진팀이 그 비전을 외면하고 있는 경우에도 디지털 트랜스포메이션은 실패할 확률이 매우 높다. 최악의 경우는 비전이 4차 산업혁명이라는 격변하는 환경에 비해 뒤처지고 과감하지 못하면서 그리고 구성원들에게 설득력이 없는 경우이다. 성공하는 전환의 리더는 이러한 실수를 줄일 수 있는 역량을 갖추어야 한다.

4단계: 비전 전파

다음 단계는 비전과 전략에 대해 조직 구성원 상호 간에 자연스레 의사소통하게끔 하는 것이다. 간결하고 심금을 울리는 메시지가 다양한 채널을 통해 전파되어야 한다. 그 결과 비판 세력들의 이해를 구하고 진심에서 우러나오는 참여를 끌어내며 더 많은 추진력을 발휘할 수 있다. 이 단계에서는 몇 마디 말보다도 행동이 훨씬 중요하다. 리더의 말과 행동이 일치하는 것을 보여주어야 한다. 또한 기회가 될 때마다 비전 전파를 반복하는 것이 좋다. 반복의 힘은 아주 크기 때문이다.

전환에 성공하지 못하는 경우는 효과적인 의사소통이 거의 없는 경우이다. 구성원들의 말을 건성으로 듣고 마음으로 받아들이지 않거나 잘못된 의사소통을 하면서도 내내 무엇이 잘못됐는지 눈치채지 못하는 경우도 해당된다.

5단계: 장애물 제거

성공하는 전환의 리더들은 구성원들에게 비전이 전파되어 디지털 트랜스포메이션에 진심으로 동조하는 분위기가 조성됐을 때 구성원들의 전환 행동을 가로막는 장애물들을 효과적으로 다루어야 한다. 비전에 따라 행동하는 구성원들을 막는 주요 장애물들은 전환을 방해하는 상사, 부적합한 성과 시스템, 자신감 결핍, 부정확한 정보 등이 있다. 이러한 장애물들을 구성원 각자가 스스로 헤쳐나가게 방치하는 것은 전환 시도가 성공하지 못하게 한다. 체계적으로 장애물들을 하나씩 제거하기 위한 노력이 필요하다.

6단계: 단기 성과 내기

성공하는 전환의 리더들은 전환추진팀이 단기 성과를 낼 수 있도록 도와야 한다. 이러한 단기 성공은 매우 중요하다. 디지털 트랜스포메이션에 대한 지속적인 신뢰와 자원 투입은 물론 더 큰 노력을 기울일 수 있도록 추진력까지 제공받기 때문이다. 성공하지 못하는 경우는 단기간에 거둘 수 있는 일차적인 성공이 매우 더디고 너무 작게 나타나거나, 성공이 나타나더라도 진정한 가치와는 별로 상관이 없거나, 의미조차 모호한 결과를 냈을 때이다.

프로세스를 제대로 관리하지 않았거나 초기 프로젝트를 신중히 선정하지 않아서 성공하지 못하면 냉소주의자와 회의론자들이 그동안의 모든 노력을 물거품으로 만들 수 있다. 물론 성공이 너무 빨리 잊히는 경우도 마찬가지다. 새로운 비즈니스 모델의 개발보다는 현재 겪고 있는 회사 내의 문제를 해결하는 프로젝트에 먼저 초점을 맞추는 것이 단기간에 소기의 성과를 내기 위한 한 가지 팁이다.

7단계: 전환 가속화

성공적인 전환의 리더는 쉬지 않는다. 최초의 성공에 힘입어 추진력이 형성되어 초기 변화가 굳어지면 재빠르게 다음 문제를 찾아낸다. 비전이 실현될 때까지 계속해서 새로운 변화의 물결들을 일으켜야 한다. 성공하지 못하는 경우는 한 번에 너무 많은 것을 시도하거나 최초로 성취한 단기 성과에 너무 만족하는 경우이다. 그러고는 별 고민 없이 쉽게 디지털 트랜스포메이션을 중단해 버린다. 이런 리더들은 추진력이 떨어지는 것을 내버려 두다가 결국에는 희망 없이 수렁에 빠져 있는 자신들을 발견하게 된다.

8단계: 전환을 조직문화로 정착

성공적인 전환의 리더는 조직 전체를 통해 새로운 문화를 육성함으로써 디지털 트랜스포메이션이 고착화되도록 만든다. 새로운 문화, 즉 행동과 공유 가치에 관한 집단 규범은 충분한 기간 성공적인 행동이 지속됨으로써 개발된다. 성공하지 못하는 경우는 변화가 단지 겉돌기만 한다. 엄청난 양의 작업 결과가 전통이라는 바람에 다 날아가 버리는 것은 순식간의 일이다.

지속적인 디지털 트랜스포메이션은 조직문화로 정착해 위해서는 지속적인 교육 수행과 보상과 성과 시스템의 개편 등이 필요하다. 또한 후계 경영자들에게도 디지털 리더십을 갖추도록 하는 것이 중요하다. 성공하는 전환의 리더는 자신뿐만 아니라 후계자에게도 성공의 디지털 리더십을 전수해 주었을 때 진정으로 성공의 리더가 될 수 있다.

디지털 트랜스포메이션을 성공으로 이끄는 리더의 행동과 구성원의 결과 행동

단계	리더의 행동	구성원의 결과 행동
1	위기감을 고조시킨다	사람들이 "자, 가자. 바꿔야 한다."라고 말하기 시작한다.
2	전환추진팀을 구성한다	전환을 지도하기에 충분한 힘을 가진 사람들로 팀을 구성하여 함께 작업을 시작하도록 한다
3	비전을 새로이 정립한다	전환추진팀은 변화 노력에 필요한 올바른 비전과 전략을 개발한다.
4	의사소통을 한다	사람들이 변화에 동참하기 시작하며, 이는 그들의 행동으로 나타난다.
5	장애물을 없애 주거나 행동을 위한 권한을 부여한다	많은 사람이 비전을 달성하기 위해 행동할 수 있다고 느끼며 실제로 행동한다.
6	단기간에 성공을 끌어낸다	사람들이 비전을 달성하기 위해 노력하고 변화에 저항하는 사람들이 점차 줄어듦에 따라 추진력이 형성된다.
7	속도를 늦추지 않는다	비전이 충족될 때까지 지속적인 변화의 물결을 만든다.
8	조직에 디지털 전환을 정착시킨다	전통이 방해하고, 리더가 교체되는 등의 사안이 발생하더라도 새로이 형성된 행동이 지속된다.

사람의 행동을 변화시켜야 한다

이상의 디지털 트랜스포메이션의 성공을 위해서 리더가 행해야 하는 행동과 그 결과의 행동들을 8단계별로 정리한 것이 위의 표이다. 이러한 행동들을 취할 때 리더가 염두에 두어야 할 것은 조직 변화관리의 모든 단계에서 가장 기본적인 이슈는 사람의 행동을 변화시키는 것이라는 사실이다.

1단계 핵심 이슈는 추상적인 위기감을 말하는 게 아니다. 세상이 어떻게 변하는지 무시하는 사람들의 행동에 영향을 미칠 수 있는 위기감을 보여주는 것이 바로 핵심이다. 이러한 사람들은 대개 문제에 직면해도 공포로 얼어버리거나 아무것도 하지 않으면서 내내 불평만 한다. 2단계 이슈는 전환 과정에서, 특히 다른 사람들의 신뢰와 몰입을 끌어내야 하는 위치에 있는 사람이 어떻게 행동하느냐 하는 것이다. 3단계 핵심 이슈는 추진팀이 바람직한 비전과 전략을 창출할 수 있는지에 관한 것이다. 4단계 핵심 이슈는 의사소통을 통해 사람들을 비전에 동참하도록 끌어들이는 것이다. 5단계 핵심 이슈는 그러한 의사소통에 따라 행동하는 것이다. 어떤 사람들에게는 직무를 즉시 새로운 방식으로 수행하는 것을 의미할 수도 있다. 5단계 이하 나머지 단계에서도 마찬가지로 사람의 행동이 중요하다.

다음 2부에서는 디지털 트랜스포메이션을 성공으로 이끄는 8단계를 크게 세 부분으로 나누어서 상세하게 기술하고자 한다. 2부의 시작인 5장에서는 디지털 트랜스포메이션을 위한 분위기 조성이란 내용으로 1단계 위기감을 고조시켜라, 2단계 전환추진팀을 구성하라, 3단계 올바른 비전을 정립하라의 세 단계가 소개될 것이다. 6장은 디지털 트랜스포메이션 추진 노력 강화라는 주제로 4단계 참여를 끌어내는 의사소통을 전개하라, 5단계 장벽을 제거하고 행동을 촉진하라, 6단계 단기간에 눈에 띄는 성공을 끌어내라의 세 단계가 포함될 것이다. 마지막으로 7장에서는 디지털 트랜스포메이션의 지속적인 추진과 유지라는 주제로 7단계 전환 속도를 늦추지 마라와 8단계 전환을 조직문화로 정착시켜라의 두 단계가 설명될 것이다. 디지털 트랜스포메이션을 성공으로 이끄는 8단계에 대한 결론도 7장 말미에 포함시켰다.

2부

디지털 트랜스포메이션 성공 8단계

DX
MANAGEMENT

5장
어떻게 분위기를 조성해야 하는가

DX MANAGEMENT

1.

1단계: 위기감을 고조시켜라

디지털 트랜스포메이션은 최종적으로 일하는 방식과 조직문화의 변화로 이어져야 한다. 따라서 디지털 트랜스포메이션은 긴 여정이며 그 과정에서 여러 어려움을 필연적으로 직면하게 된다. 이러한 긴 여정의 시작은 조직의 구성원 사이에 위기감을 고조시키는 것이다.

디지털 트랜스포메이션이란 열차에 탑승하지 못하면 조만간 기업은 경쟁 기업과 비교해 뒤처지고 결국에는 문을 닫게 된다는 위기감에 기업 구성원 모두가 공감해야 한다. 충분한 위기감이 없으면 대규모 조직 변화는 산 위로 거대한 바윗돌을 굴려 올리기를 되풀이하는 것과 같다. 기업 내에 위기감이 없으면 디지털 트랜스포메이션 과정에서 만나는 여러 문제에 관심조차 가지지 않기 때문에 전환은 대개 제자리걸음으로 끝나고 만다.

위기감이 높지 않으면 힘 있고 성실한 사람들로 추진팀을 만들려 할 때나, 중요 인사들에게 비전을 만들게 할 때나, 이를 다른 직원들에게 전파시키려 할 때도 많은 어려움을 겪는다.

자만심을 깨뜨려라

지난날의 성공은 우리에게 많은 이익을 준 반면 위기감을 약화시키고 관심을 안으로 돌리게도 만들었다. 이런 현상은 개개인에게는 자기만의 아집을 낳게 했고 회사 차원에서는 조직문화 면에서 문제를 일으켰다. 아집과 교만이 스며 있는 조직문화는 현명하고 사려 깊은 경영자가 운영하는 조직들조차 큰 문제에 봉착하고 있다는 위기감을 느끼지 못하게 한다.

디지털 트랜스포메이션에 도움이 될 하나의 법칙은 자만심을 부추겨 혁신을 방해하려는 힘은 아무리 작은 것이라도 절대 과소평가하지 마라이다. 위기감이 없거나 적은 경우, 즉 자만심이 가득 차 있는 상황에서 변화를 주도하고자 하는 사람들은 자만심이란 두꺼운 벽을 두드려 깨뜨리는 것 말고 다른 도리가 없다. 자만심을 깨뜨려 위기감을 고취시키기 위해 대담한 조치를 하는 것은 적어도 처음에는 갈등을 증폭시키고 불안감을 조성한다. 그럼에도 불구하고 진정한 리더들은 과감한 조치를 해야 한다. 그리고 이러한 과감한 조치를 통해 탁월한 성과를 이룰 수 있다는 굳은 믿음이 있어야 한다.

소 잃기 전에 외양간을 고친다는 생각으로 회사가 잘 나가고 있을 때도 자아도취에 빠지지 않고 지속적으로 성장하기 위해 위기감을 계속해서 강화할 필요가 있다. 회사가 기록적인 이익을 내고 있을 때도 직원들에게 회사가 안고 있는 문제점, 혹은 앞으로 예상되는 문제점, 혹은 회사에 좋은 기회가 될 수 있는 환경 변화에 대한 정보 등을 끊임없이 알려주어야 한다. 예를 들어 이익은 상승하지만 시장점유율은 하락하는 상황, 점점 더 공격적으로 나오는 신규 경쟁업체에 대한 정보, 새로운 디지털 기술, 새로운 시장의 등장 등에 대한 정보를 직원들에게 계속해서 알려주어야 한다.

또한 야심 찬 목표를 세우기도 하고 회사가 방만하게 경영한다는 것을 보여주는 징후나 근거 없이 희망만 부추기는 이야기와 잘못된 정보를 만들어내는 것을 없애버리는 것도 필요하다. 회사가 곤란한 상황에 빠지기 전에 직원들이 새로운 기회나 위기 상황을 직시하도록 하는 것이 필요하다.

자만심으로 가득 찬 조직들이 갖는 가장 큰 단점은 경직성과 보수성이 학습을 방해한다는 것이다. 배우는 것을 등한시하고 위기감이 낮은 가운데 살아가는 편협하고 근시안적인 인생 전략은 회사 전체나 직원들 개인에게 장기적인 성공을 보장하지 못한다. 그렇다면 위기감은 어느 정도가 적당한가?라는 의문이 생길 것이다. 모든 구성원이 위기감을 느끼고 디지털 트랜스포메이션 추진에 매진하는 것은 이상적인 모습일 것이다. 최소한 어느 정도의 구성원들이 위기감을 공감하고 조직 변화 프로젝트에 참여하는 것이 필요할 것인가?

디지털 트랜스포메이션이 처음에 어떻게 누구에 의해 시작됐든 관리자들 모두가 현재 상태로는 도저히 안 되겠다고 믿고 있지 않으면 초기 2~4단계를 성공시키기란 매우 힘들다. 7단계나 8단계까지 끌고 가기 위해서는 더욱 헌신적인 노력이 필요하다. 직원의 과반수 이상, 관리자의 경우는 아마도 75퍼센트 이상, 최고경영진은 거의 모두가 디지털 트랜스포메이션이 꼭 필요하다고 믿어야 한다.

위기감 조성은 필수적이다

위기감을 조성하지 않고도 트랜스포메이션을 시작할 수 있다고 믿거나 회사가 자만심에 빠져 있다고 공론화하는 것은 회사 내 불안감을 조성할 것이라고 믿고 1단계를 생략하고 디지털 트랜스포메이션을 시작하자는 유혹이 생길 수도 있다.

그러나 과거 경영 혁신 사례에서 1단계를 생략하고 추진팀부터 만드는 경우, 또는 혁신을 위한 비전을 먼저 세우는 경우, 또는 이런저런 준비 없이 구조 조정, 직원 해고, 인수합병 등과 같은 경영 혁신을 직접 해버리는 경우들이 많았다. 그러나 모두 항상 뒤늦게 큰 어려움에 부딪히게 됐다. 예를 들면 위기감이 부족해서 경영 혁신을 선도할 추진팀을 구성하는 데 영향력 있는 사람들을 충분히 모으지 못한다든지, 또는 기업을 인수 합병하면서 흥분 속에서 몇 년은 잘 진행되지만 곧 여러 프로젝트가 시들해지는 경우 등이다.

디지털 트랜스포메이션의 8단계를 순차적으로 밟기 위해 자만심 낮추기부터 시작은 하지만 아직도 해야 할 일이 많이 남아 있다. 그럼에도 불구하고 이 단계가 완료됐다고 쉽게 믿어버리는 경우들도 있다. 기초가 튼튼하지 못한 상태에서 혁신을 시작하고 끝내 이를 후회하게 된다. 이런 경우 회사 밖에 있는 사람들에게 도움받을 수 있다. 회사의 고객, 판매업자, 주주들에게 자신이 가진 생각과 그들의 의견이 어떤지 물어보는 것이다. 그러나 현실을 호도하기 쉬운 회사 내 동료들에게는 묻지 마라. 그리고 회사 밖에 있는 사람들이라도 단지 몇몇 소수의 사람에게만 물어서는 안 된다. 당신의 회사에 대해 아는 다른 사람들에게, 심지어는 당신 회사와 관계가 좋지 않은 사람에게도 물어보라. 그리고 가장 중요한 것은 남의 말을 조심스럽게 경청하는 용기를 가지는 것이다.

요점은 내부에 있는 사람들이 가진 근시안적인 안목을 외부에서 얻은 객관적인 자료를 가지고 이겨 나간다는 것이다. 아주 빠르게 움직이는 이 세상에서 내부인이 가진 근시안적인 안목은 회사의 앞날에 치명적인 악영향을 끼칠 수 있기 때문이다.

1단계 위기감을 고조시켜라에서 디지털 리더인 최고경영자나 디지털 트랜스포메이션의 책임자가 해야 할 것과 하지 말아야 할 것

1단계 위기감을 고조시켜라

목적: 조직 구성원들이 가자!라고 외칠 수 있게끔 조직 내에 위기감을 조성함으로써 디지털 트랜스포메이션의 노력이 원활하게 시작될 수 있도록 한다.

해야 할 것	하지 말아야 할 것
• 실제로 보고 만지고 느낄 수 있는 소재를 통해 디지털 트랜스포메이션의 필요성을 보여준다. • 디지털 트랜스포메이션이 필요하다는 점을 보여주는 타당하고 극적인 증거를 찾아 보여준다. • 위기감을 가져올 수 있는 방법을 항상 찾는다 • 성공한 기업일지라도 현재 상황에 대한 위기감의 존재에 대해 경각심을 잃지 않아야 한다.	• 이성적인 비즈니스 사례를 구축하여 경영진의 승인을 받아 계속 진행해 나가는 데만 급급해한다. • 위기감이 부족한 상황을 무시한 채 비전과 전략을 만드는 일로 바로 뛰어든다. • 큰 위기나 다급한 이유가 없이는 아무런 변화도 시작할 수 없다고 생각한다. • 내가 최고책임자가 아니기 때문에 아무것도 할 수 없다고 생각한다.

을 위의 표에 정리했다. 해야 할 것의 밑바탕에는 본다-느낀다-변화한다 원리가 깔려 있어야 한다. 위기감을 고조시키기 위해서는 이성적인 것보다는 감성적인 것이 본능적으로 더 효과적이다.

2.

2단계: 전환추진팀을 구성하라

디지털 트랜스포메이션과 같은 대규모 혁신은 성공시키기가 너무 어렵기 때문에 이끌고 가기 위해서는 강력한 힘이 필요하다. 디지털 트랜스포메이션을 이끌고 가기 위해서는 한 개인의 강력한 리더십도 중요하지만 강력한 전환추진팀이 반드시 필요하다. 구조가 제대로 짜여 있고 신뢰도도 높으며 공감대가 잘 형성된 팀을 구축하는 것은 디지털 트랜스포메이션 추진 과정의 초기 단계에서 절대적으로 필요한 일이다.

어떻게 성공적인 추진팀을 만드는가

디지털 트랜스포메이션을 이끌어갈 팀을 구성하는 첫 번째 단계는 자격을 갖춘 사람을 찾아내는 일이다. 성공적인 추진팀을 만드는 데 필수적인 특성은 다음 4가지 질문으로 요약될 수 있다. 첫째, 요직에 있는 사람들, 특히 주요 실행부서 관리자들이 많이 참여하고 있는가? 그렇게 되면 다른 사람들은 혁신을 쉽게 방해하지 못할 것이다. 둘째, 추진하려는 혁신과제와 관련 있는 다양한 사람들이 전공 분야와 현장 경험 등의 차원에서 골고루 섞여 있어서 충분한 정보를 얻고 현명한 결정을 내릴 수 있는가? 디지털 트랜스포메이션 프로젝트에서는 디지털 기술에 대한 전문성을 갖춘 인재가 반드시 필요하다. 셋째, 회사 내에서 평판이 아주 좋은 사람들로 구성되어 있어서 다른 사람들이 발표를 진지하게 받아들이는가? 넷째, 혁신을 끌고 갈 검증된 지도자들을 충분히 확보했는가?

마지막 항목인 리더십은 특히 중요하다. 전환추진팀에 속한 사람들에게는 관리 능력과 리더십이 동시에 필요하다. 이 두 능력은 서로 보완적이어야 하기 때문이다. 관리 능력은 전환 과정 전체를 자유자재로 통제할 수 있다. 반면 리더십은 전환을 밀어붙이는 추진력을 의미한다. 추진팀에 좋은 관리자는 있고 좋은 리더가 없으면 성공하지 못한다. 관리자형으로 머리가 굳은 사람은 계획을 세울 줄은 알지만 비전을 제시하지는 못한다. 관리형 사람은 혁신에 대한 당위성이나 방향을 널리 알리는 데 힘을 발휘하지 못하고, 사람들에게 권한 위임을 통해 힘을 실어주기는커녕 오히려 통제하려고 든다.

아이러니하게도 회사가 성공을 거두면 거둘수록 점점 더 많은 관리자가 회사를 통제하려 들고 리더십을 무시하는 타성을 갖는다. 부족한 리더십은 세 가지 조치를 통해 채워야 한다. 첫째, 회사 밖에서 새 사람을 불러온다. 둘째, 리드할 줄 아는 내부인을 승진시킨다. 셋째, 리더가 제대로 리더십을 발휘하도록 사기를 북돋아준다. 아무리 훌륭하다 해도 관리자로만 구성된 추진팀은 결국 전환하고자 하는 온갖 노력을 수포로 돌아가게 할 것이기 때문이다.

피하거나 잘 감독해야 할 사람들이 있다

추진팀을 구성할 때 다음 두 가지 유형의 사람들은 어떤 희생을 치르더라도 피해야 한다. 첫 번째는 고집이 너무 세서 회의장을 자기 독무대로 만들고 다른 사람에게는 틈을 주지 않으려는 사람이다. 두 번째는 소위 뱀 같은 사람으로 서로 간의 반목을 부추겨 팀워크를 깨는 사람이다. 대부분의 회사에서 고위 간부들은 개성이 매우 강하고 고집이 센 사람들이다. 이 고위 간부들이 자신에게도 취약점이 있고 능력에 한계가 있으며 다른 사람들도 나름대로 장점이 있어 서로 보완할 수 있다는 사실을 인정하지 않든지, 회사 전체 목표가 개인의 목표보다 더 중요하다는 것을 깨닫지 못한다면 추진팀에 미치는 폐해는 막대하다.

이런 사람이 추진팀의 핵심 인물이 되면 팀워크는 끝장이고 디지털 트랜스포메이션은 물 건너간 것으로 보아야 한다. 뱀 같은 사람들도 똑같이 조직을 파괴시킨다. 그들은 팀워크를 위해 반드시 필요한 신뢰감 형성에 상처를 준다. 뱀 같은 사람은 등뒤에서 다른 사람 악담을 해서 사람들의 관계를 망쳐 놓는 데 이골이 나 있다. 뱀같이 교활하거나 강한 고집을 가진 사람들은 어떤 때는 매우 영리하기도 하고 의욕도 대단하며 해내는 일도 꽤 많다. 그렇기 때문에 그들이 고위 간부로 승진하고 추진팀 팀원의 후보자가 되는 것은 하나도 이상한 일이 아니다. 하지만 현명한 디지털 트랜스포메이션 리더라면 일찍이 이 두 가지 유형의 사람들을 팀에서 제외시켜야 한다.

경계해야 할 또 다른 사람들로는 마지못해 움직이는 사람들이 있다. 영향력은 많으나 추진팀 참여에는 별 관심이 없는 사람을 끌어들여야 할 때는 더 큰 노력을 들여야 한다. 이런 사람을 추진팀에 참여하도록 하는 것은 제1단계인 위기감 조성이라는 근본 문제로 귀착된다. 이런 사람들은 현재 회사가 당면한 문제와 기회 요인들을 정확히 알지 못한다. 이렇게 자만심에 빠진 사람에게 추진팀에 참여해서 시간과 노력을 쏟아달라고 설득하는 것은 가망 없는 일일 수 있다. 이런 사람들을 추진팀에 배제시키지 못하면 어떤 경우에도 디지털 트랜스포메이션에 영향력을 발휘하지 않도록 감독을 잘해야 한다.

신뢰와 공동목표가 팀워크의 생명이다

디지털 트랜스포메이션을 주도하는 추진팀의 팀워크는 여러 가지 방법을 통해 조성된다. 그러나 어떤 방법을 사용하더라도 반드시 필요한 요소가 하나 있는데 바로 신뢰이다. 일반적으로 신뢰가 있어야 팀워크를 이룰 수 있다. 신뢰가 없으면 팀워크는 기대할 수 없다. 불행하게도 대부분 회사에서는 신뢰를 찾아보기가 어렵다. 평생 한 부서나 사업부에서 일해온 사람들은 직속 상사에게만 충성하도록 또는 비록 같은 회사에 근무하더라도 다른 부서 사람들은 믿지 말라고 배워왔다. 의사소통이 부족하거나 아니면 다른 이유 때문에 부서 간에는 그릇된 적대감이 쌓여 있다.

그래서 엔지니어는 영업사원을 의심에 찬 눈으로 바라보고 자회사 직원들은 모회사를 업신여기게 된다. 이런 풍토에서 있었던 사람들이 추진팀에 모여 같이 일하게 되면 서로 신뢰가 부족하기 때문에 팀워크가 쉽게 조성되지 않는다. 여기에 분파 간 알력까지 뒤따르면서 지상목표인 디지털 트랜스포메이션은 성공을 거둘 수 없게 된다. 이와 같은 신뢰의 특성을 잘 이해하는 것이 적절한 팀을 만드는 관건이다. 사람들이 서로 이해하고 존경하며 보살펴주게 되면 일은 자연히 제대로 굴러간다.

신뢰 외에도 팀워크에 결정적으로 중요한 요소로는 공동의 목표 여부가 있다. 추진팀에 속한 모든 사람이 같은 목적을 성취하고자 진심으로 원하면 진정한 팀워크를 이룰 수 있다. 추진팀 구성원들을 하나로 결집시키는 대표적인 공동 목표는 일류가 되겠다는 굳은 의지, 최고의 성과를 달성하겠다는 진정한 욕망이다. 기업 인수합병과 새로운 기업문화 도입 등의 여러 혁신이 실패하는 원인을 보면 구성원 각자가 이런 차원 높은 욕망은 없으면서 대신 자기 부서, 사업부, 동료들, 그리고 자기 인생만을 걱정하는 소아병에서 헤어나지 못하기 때문이다.

서로 신뢰를 구축하는 것은 공동 목표를 갖는 데도 큰 도움이 된다. 사람들이 최선의 노력을 하지 않는 가장 큰 이유는 다른 부서나 사업부 또는 동료 간부조차 진정으로 믿지 않기 때문이다. 그들은 고객만족이나 원가절감을 위해 총력을 기울이고 싶어도 다른 부서 사람들이 정당한 몫의 노력을 함께해주지 않기 때문에 열심히 일하는 사람만 손해 본다고 걱정한다. 가끔은 이런 주장에도 일리는 있다. 그러나 신뢰도가 높아진 분위기에서는 공동의 목표를 만들기가 훨씬 쉽고 이로 인해서 원활한 팀워크가 조성된다.

최상의 회의를 진행하라

전환추진팀 회의의 형식과 진행 방식이 신뢰를 떨어뜨릴 수 있다. 얼마나 자주 회의하고 얼마나 오랫동안 진행하는가? 주된 의제는 무엇인가? 누가 회의를 진행하는가? 공식적인 회의 밖에서 이루어지는 일은 무엇인가? 팀원이 아닌 사람들의 참여가 환영을 받는가? 만약 그렇다면 누가 언제 참여할 수 있는가? 전환추진팀의 회의 형식이 올바르지 않다면 많은 팀원이 좌절하고 신뢰가 무너지며 이름뿐인 전환추진팀이 될 것이다. 올바른 형식을 선택한다면 전환추진팀은 결집되어 강력하게 과업을 추진할 것이다.

팀이 새로 조직됐을 때는 특히 회의의 구조가 중요하다. 잘못된 회의 형식은 신뢰를 해친다. 예를 들어 모든 회의는 하루 반 동안 지속한다. 언제나 첫날에는 특별 연사의 강의가 있고 둘째 날에는 향후 계획을 세운다. 복잡한 의제들은 추가적인 분석과 기획을 위해 소그룹에 맡긴다. 소그룹은 다음 회의 때 진행 상황을 보고한다. 이런 식의 회의는 팀원들의 참여가 적극적으로 이루어지지 않을 뿐만 아니라 추진팀에 대한 소속감을 떨어뜨리게 된다.

잘못된 회의 형식을 해결하기 위한 간단하고 잘 알려진, 그리고 현명한 방법은 초점을 잃지 않고 절제하는 것이다. 회의 주제를 하나로 제한하라. 회의 전에 반드시 사전 준비를 하라. 회의가 끝난 후에 취해야 할 조치를 분명히 정하라. 믿을 만한 사람이 회의를 이끌도록 하라. 이러한 방법은 팀의 규모와 그리고 팀이 얼마나 오래됐든 지에 상관없이 적용할 수 있다. 요점은 간단하다. 전해 내려오는 회의 진행 형식을 그대로 답습할 것이 아니라 숙고하여 정해야 한다는 점이다.

디지털 트랜스포메이션을 성공시킬 수 있는 전환추진팀의 구성단계를 다음 표와 같이 정리할 수 있다. 인품이 있고 신뢰를 얻는 사람들이 공유하는 공동목표를 잘 조합하면 강력한 추진팀을 만들

전환추진팀 구성하기

1. 적합한 인물 찾기
   - 강력한 권한을 행사할 수 있는 지위에 있고 경험이 풍부하며 확실히 믿을 수 있는 사람
   - 리더십과 관리 능력을 둘 다 갖춘 사람. 특히 리더십이 뛰어난 사람
   - 디지털 기술에 대한 전문성을 갖춘 사람

2. 신뢰 구축하기
   - 팀워크 조성을 위한 활동
   - 많은 대화와 집단활동
   - 최상의 회의 진행

3. 공동목표 개발하기
   - 지적인 면에서 합리적인 공동목표
   - 정적인 면에서 강한 호소력 있는 공동목표

수 있다. 이렇게 해서 만들어진 추진팀은 어떤 타성에도 당당히 맞서 경영 혁신을 성취하는 데 필요한 능력을 지니게 될 것이다. 이 추진팀은 디지털 트랜스포메이션의 3단계에서 마지막 8단계까지의 힘든 일들을 해낼 수 있는 잠재 능력을 갖추게 된다. 즉 회사의 미래 비전 만들기, 이 비전을 광범위하게 전파시키기, 전환 장벽을 없애주어 실제로 일할 수 있도록 사람들에게 힘을 실어주기, 회사 내 신뢰 정착시키기, 작지만 가시적인 성공 이루기, 여러 개의 디지털 트랜스포메이션 프로젝트를 선도하고 관리하기, 그리고 이 모든 새로운 것들을 조직문화 차원까지 승화시켜 완전히 뿌리내리게 하기 등이다.

2단계에서 성공하는 리더가 해야 할 것과 하지 말아야 할 것을 표로 정리했다.

2단계 전환추진팀을 구성하라

역량 있는 구성원으로 전환추진팀을 구성하고 신뢰와 공동 목표를 유지하는 방향으로 추친팀을 운영한다면 어려운 디지털 트랜스포메이션도 수행해나갈 수 있다.

해야 할 것	하지 말아야 할 것
• 열의나 결의를 보여주는 적절한 사람을 팀에 영입한다. • 팀워크와 신뢰에 대한 모범을 보인다. • 공동의 목표를 개발한다. • 구성원의 좌절을 최소화하고 신뢰를 증폭시킬 수 있는 방향으로 전환추진팀의 회의 형식을 구성한다. • 만약 2단계의 진행이 어렵거나 적절한 사람들을 모을 수 없다면 1단계 위기감 조성에 다시 힘을 쏟는다.	• 취약한 태스크포스나 개인 또는 복잡한 지배 구조나 분열된 경영진과 함께 변화를 이끌어가려 한다. • 적절한 팀의 구성을 저해하는 세력이 존재함에도 상황을 타개하는 조치를 하지 않는다. • 사업 단위의 책임자가 움직일 기미가 없다는 이유로 그를 배제한 채로 일을 추진한다.

3.

3단계: 올바른 비전을 정립하라

성공하는 대규모의 전환에는 맡은 역할을 제대로 수행하는 전환추진팀이 있다. 이 팀이 앞으로 나아가야 할 방향을 명확하게 제시하는 것이 목격된다. 어떤 전환이 필요한가? 미래의 조직이 창출할 비전은 무엇인가? 비전을 실현하는 가장 좋은 방법은 무엇인가? 전환 과정에는 어떠한 위험을 내포하고 있는가?

이러한 물음에 탁월하게 답변할 수 있어야만 조직이 더 나은 미래를 향해 도약할 수 있다. 그러나 반대로 전환추진팀이 명확한 방향을 설정하지 않거나 현명하지 못한 비전을 채택하는 경우가 너무나 많다. 그 결과 조직이 위험에 빠지고 조직 구성원뿐만 아니라 많은 이해관계자가 고통을 당한다.

왜 비전이 반드시 필요한가

비전이란 미래에 대한 그림이다. 왜 미래를 만들기 위해 노력해야 하는지 직간접적으로 설명해준다. 디지털 트랜스포메이션 과정에서 훌륭한 비전이라면 3가지 중요한 기능을 수행한다. 첫째, 디지털 트랜스포메이션의 기본 방향을 명확히 해준다. 명확한 기본 방향은 전환 과정에서 발생하는 많은 의사결정 문제를 간소화시킨다. 둘째, 비록 전환 초기에는 대단히 고통스럽겠지만 각 개인에게 단기적이고 개인적인 이익을 추구하기보다는 전체적인 안목에서 옳은 행동을 추구하도록 만든다. 셋째, 비전은 수많은 서로 다른 사람들의 개성이 빠르고 효과적인 방법으로 조화를 이루도록 하는 데 효과가 있다.

우선 좋은 비전을 세워 디지털 트랜스포메이션 방향을 명확히 해놓는 것은 대단히 중요하다. 지금 추진하는 디지털 전환의 방향을 달가워하지 않거나, 방향이 어느 쪽인지 혼동하거나, 심지어 대대적인 혁신이 정말로 필요한지조차 모르는 사람들이 종종 있기 때문이다. 효과적인 비전과 그것을 받쳐주는 전략을 마련하는 것은 이런 문제를 해결하는 데 많은 도움을 준다. 또한 방향을 명확히 제시해주면 의사결정을 제대로 하지 못하는 데서 오는 무력감을 제거할 수도 있다. 문제해결 방안이 비전이 제시하는 방향과 일치하는가?라는 간단한 질문 하나만 살펴보면 된다. 같은 논리로 좋은 비전은 규모가 크고 시간도 많이 소요되는 여러 잡다한 일들을 깨끗이 정리하는 데 많은 도움을 준다. 나아갈 방향이 명확하면 비록 정치적으로는 의미가 있으나 논리적으로는 적절치 못한 프로젝트들을 찾아내서 폐기해버릴 수 있다. 이렇게 해서 절약한 자원을 디지털 트랜스포메이션을 위해 전용할 수 있다.

비전의 두 번째 기능은 개인의 단기이익보다 회사 전체에 도움이 되는 행동을 유발해 디지털 트랜스포메이션을 촉진시킨다는 것이다. 잘 짜인 비전을 실현하기 위해서는 큰 변화가 필요하다. 여기에는 고통이 따르게 마련이다. 비전은 이런 고통을 넘어서 희망을 주고 동기부여하는 역할을 한다. 즉 좋은 비전이란 희생을 동반해야 한다는 사실을 솔직하게 인정해야 한다. 다만 이런 희생을 치름으로써 각 개인은 디지털 전환을 하지 않을 때 얻을 수 있는 단기적인 이익보다 훨씬 더 나은 이익과 만족을 얻을 수 있다는 사실도 분명히 해야 한다.

세 번째로 비전은 직원 개개인의 힘을 한 방향으로 모으는 마력을 가지고 있어서 직원들의 각기 다른 행동을 가장 효과적으로 조화를 이루게 한다. 비전을 명확하게 해주면 관리자나 일반직원들은 상사나 동료들에게 계속적인 지시나 도움을 받지 않고서도 스스로 무슨 일을 어떻게 해야 할지 알게 된다. 이 비전의 기능은 디지털 트랜스포메이션의 성공에 있어서 대단히 중요하다.

디지털 트랜스포메이션 추진 과정에서는 부서 간 업무협조가 반드시 필요하다. 회사가 나아갈 방향에 대한 공감대가 형성되어 있다면 모든 직원의 생각이 같아지면서 어느 정도의 독립성을 갖고도 일을 처리해 나갈 수 있으므로 서로 방해가 되지 않도록 행동하게 된다.

효과적인 비전이란 무엇인가

효과적인 비전은 적어도 다음과 같은 특징을 가지고 있다. 첫째, 가까운 장래 혹은 먼 미래에 그 조직이 어떤 일을 하게 되고 어떤 모양이 되어 있을지에 대하여 설명해준다. 둘째, 이해관계자 당사자들, 즉 고객과 주주와 직원들이 기대할 수 있는 이익에 대해서 명확히 설명해준다. 셋째, 효과적인 비전은 현실적이어야 한다. 비전은 듣기에는 그럴싸하지만 실현이 불가능한 환상이 아니다. 넷째, 훌륭한 비전이란 목표를 성취할 수 있도록 직원들의 동기를 불러일으킬 정도로 명료하되 동시에 각자의 독자성을 인정하는 융통성도 있어야 한다. 마지막으로 다섯째, 효과적인 비전은 공유하고 전달하기가 쉬워야 한다. 잘못 만들어진 비전은 전파시키기가 매우 힘들다.

실현 가능성, 구체성, 융통성, 전달의 용이성을 생각하라

대대적으로 공표됐지만 디지털 트랜스포메이션을 구체적으로 어떻게 추진할 것이며 어떻게 그것이 가능한지 제대로 설명하지 못하는 비전도 있다. 미래를 적절하게 그린 그림은 회사가 가진 여러 자원과 장점을 그 능력 이상으로 발휘할 수 있게 만드는 방안도 포함해야 한다. 실현 가능한 비전이란 회사 자체에 대해서, 시장환경에 대해서, 경쟁의 변화 추세에 대해서 모든 것을 합리적이고 확실하게 이해한 다음 만들어진 비전을 의미한다. 좋은 비전과 이를 뒷받침하는 훌륭한 전략이란 현실적인 일들을 사려 깊게 다룰 수 있어야 한다.

훌륭한 비전이란 막연한 그림이 아닌 매우 구체적인 그림이다. 특히 어떤 일들이 중요하고 어떤 일들이 중요하지 않은지에 대해 직원들에게 지침을 줄 수 있어야 한다. 예를 들어 디지털 트랜스포메이션을 완수하여 가장 좋은 회사가 되는 것이라는 표현은 좋은 비전이라 할 수 없다. 또한 좀 더 구체적으로 금융업계에서 가장 좋은 회사가 되는 것도 좋은 비전이 되지 못한다. 이들 비전은 무엇에서 가장 좋은 회사가 되는 것인지 명확하지 않다. 구내식당 음식이 최고라는 것인가, 아니면 제일 좋은 주차장을 갖겠다는 것인가? 다른 한편으로 좋은 비전은 개개인이 독자성을 발휘할 수 있도록, 경영환경 변화를 수용할 수 있도록 끝이 열려 있는 비전이어야 한다. 너무 길게 그리고 세세한 것까지 언급하는 비전은 너무 꽉 맞는 양복 같아서 급속하게 변하는 세계에서 곧 쓸모없게 되어 버린다.

극도로 모호하거나 반대로 너무 지나치게 자세한 두 비전의 양

극 사이에는 충분한 공간이 있다. 디지털 트랜스포메이션을 성공적으로 선도해 나가는 경영자라면 이 공간의 어디쯤을 목표로 잡아야 할지는 비전이 얼마나 쉽게 전파될 수 있을까?라는 전달의 용이성으로 판단해야 한다. 실행 가능성도 있고 구체적이며 융통성도 있는 비전이라도 그 내용이 너무 복잡하여 많은 사람에게 전달하기가 불가능하다면 무용지물이 된다.

심지어 단순한 비전일지라도 이를 많은 사람에게 전달하는 것은 어려운 일이다. 간결함이 그 비결이다. 비전을 5분 안에 설명해서 상대방의 흥미를 불러일으키지 못한다면 디지털 트랜스포메이션을 계속 밀고 나가기 전에 이 문제부터 먼저 해결해야 한다.

좋은 비전을 어떻게 만드는가

좋은 비전을 만들어내는 것은 명석한 두뇌와 풍부한 감정의 합작품이고, 시간이 오래 걸리고, 많은 사람이 참여해야 하는 상당히 어려운 것이다.

첫째, 훌륭한 비전은 고상하면서도 단순한 것이지만 그것을 만들어내는 데 필요한 자료나 거쳐야 할 통합 과정은 절대 간단하지 않다. 둘째, 두뇌(이성)와 가슴(감성) 모두가 비전을 만들어내는 과정에 필요하다. 초등학교에서 대학교까지 16년 이상 교육을 받아온 우리 대부분은 머리를 어떻게 써야 하는지는 알지만 가슴을 어떻게 써야 하는지는 잘 모르고 있다. 그렇지만 모든 효과적인 비전은 철저하게 분석적인 사고를 통해서뿐만 아니라 의미 있는 가치관을 공유할 때 얻을 수 있는 것이다. 이 가치관은 추진팀에 속한 모든 사람이 마음 깊숙이 공감할 수 있는 것이어야 한다. 셋째, 추진팀 내에서 팀워크가 제대로 이루어지지 않으면 비전 만들기 작업은 분파의식 때문에 끝없는 협상의 연속이 될 위험이 크다. 넷째, 위기감이 충분히 크지 않으면 비전 만들기를 마무리 짓는 데 필요한 시간을 충분하게 확보하지 못할 것이다. 이런 상황에서 얻은 비전이란 누구도 진심으로 받아들이지 않을 확률이 높다.

반드시 기억해야 할 것은 제대로 만들어지지 않은 비전은 아예 없는 것보다 못하다.라는 것이다. 제대로 만들어지지 않은 비전을 따르게 하는 것은 사람들이 튼튼한 기초 위에 건물을 짓고 있다고 생각할 것이다. 하지만 결국에 가서는 기초가 붕괴되고 이루어놓은 것 모두가 무너지는 것을 지켜보게 만든다. 3단계 비전 만들기 단계에서는 그것을 완벽하게 끝내기 위해 충분한 시간을 할애해야 한다. 디지털 트랜스포메이션을 통해 더 좋은 미래를 창조하기 위한 아주 중요한 투자이다.

3단계 올바른 비전을 정립하라에서 성공하는 디지털 리더가 해야 할 것과 하지 말아야 할 것을 다음 표에 정리했다.

3단계 올바른 비전을 정립하라

향후 남아 있는 다음 단계들을 이끌 디지털 트랜스포메이션의 올바른 비전과 전략을 수립한다.

해야 할 것	하지 말아야 할 것
• 가능성 있는 미래를 문자 그대로 보도록 노력한다. • 비전을 1분 정도의 시간에 읽을 수 있는 한 장 정도의 분량으로 명확하게 표현할 수 있어야 한다. • 비전은 5분 안에 명쾌하게 설명이 되어서 사람들의 몰입을 끌어내는 마음을 움직이는 힘이 있어야 한다. • 전략은 대담한 비전을 실현시킬 수 있을 정도로 대담해야 한다. • 전환을 얼마나 빨리 진행시킬 것인가에 대한 문제에 세심한 주의를 기울여야 한다.	• 미래로 도약하고자 할 때 선형적이고 논리적인 계획이나 예산만으로 적절한 행동을 이끌 수 있다고 가정한다. • 지나치게 분석적이고 재무적인 기초를 강조하는 비전을 실행한다. • 비용 절감을 강조하는 비전으로 좌절과 걱정을 만든다. • 대담한 전략 개발이 왜 필요한지에 대해 논리적인 이유를 수십 가지 제시하여 사람들을 설득한다.

6장

어떻게 추진 노력을 강화하는가

DX MANAGEMENT

1.

4단계 : 참여를 끌어내는 의사소통을 전개하라

구성원의 생각이 일치해야 진정한 힘을 발휘한다

전환추진팀 내에서만 디지털 트랜스포메이션의 비전과 전략을 공유해서는 전환 노력이 성공하기 어렵다. 전환 방향을 널리 알림으로써 구성원의 이해를 돕고 참여를 유도해야 한다. 디지털 트랜스포메이션에 참가하는 모든 사람이 비전에 담긴 목표와 가고자 하는 방향에 대한 생각이 같아야만 진정한 힘을 발휘한다. 참여를 끌어내는 의사소통을 통해서 바람직한 미래상에 대하여 모든 사람이 같은 생각을 가질 때 비로소 동기가 만들어지고 디지털 트랜스포메이션을 위해 필요한 여러 조치가 조화를 이룰 수 있기 때문이다.

비전을 성공적으로 전파하는 원칙은 무엇인가

비전을 성공적으로 전파하는 일곱 가지 원칙을 소개한다. 첫째, 쉬운 용어를 사용하라. 전문용어나 기술용어를 사용하지 말아라. 의사 전달은 내용이 솔직하고 간단한 데서 오는 우아함을 보일 때 가장 효과가 좋다. 대부분의 회사들은 다양한 종류의 전문직에서 일하는 직원이나 외부 이해관계자가 있다. 어떤 한 사람이 특수용어를 쓰면 일부 사람은 이를 이해하고 편하게 느끼지만 다른 사람들은 어리둥절해 하고 소외감을 느낀다. 성공적인 디지털 트랜스포메이션 비전을 성공적으로 전파하기 위해서는 모든 비전 전달 과정에서 특수용어를 사용하지 말아야 한다.

둘째, 은유법, 유추법, 그리고 사례를 이용하라. 말로 묘사하는 그림은 천 마디 낱말보다 낫다. 은유법, 유추법, 그리고 사례를 통해 복잡한 아이디어를 빠르고 효과적으로 전달하는 힘이 있다는 사실에 주목해야 한다. 적절한 단어들로 쓰인 메시지는 수백 가지 다른 정보들과 섞여 있어도 기억하기에 쉽다.

셋째, 다양한 방법과 기회를 이용하라. 크고 작은 회의, 메모, 소식지, 공식적이거나 비공식적인 접촉의 모든 것들이 뜻을 전달하는 데 매우 효과적이다. 똑같은 이야기를 다른 기회를 통해서 다른 방식으로 여러 번 들으면 지적으로나 감성적으로 더 잘 이해하고 기억할 수 있다.

넷째, 반복, 반복, 그리고 또 반복해서 전하라. 아이디어는 여러

비전을 성공적으로 전파하는 7가지 원칙

1. 쉬운 용어: 전문용어나 기술용어를 사용하지 마라.
2. 은유법, 유추법, 그리고 사례: 말로 묘사하는 그림은 천 마디 낱말보다 낫다.
3. 다양한 기회 이용: 크고 작은 회의, 메모와 신문기사, 공식적이거나 비공식적인 접촉, SNS, 이 모든 것이 뜻을 전달하는 데 매우 효과적이다.
4. 반복: 아이디어는 여러 번 거듭해서 들어야만 마음 깊숙이 뿌리를 내린다.
5. 솔선수범을 하는 리더: 비전과 일치하지 않는 중요 인사의 언행은 다른 의사 전달도 망쳐버린다.
6. 모순처럼 보이는 것은 충분히 설명: 앞뒤가 안 맞는 것처럼 보이는 것은 충분히 해명하라. 그렇지 않으면 모든 의사 전달에 대한 신뢰성이 떨어진다.
7. 서로 주고받기: 양방향 의사 전달이 일방향 의사 전달보다 더 유용하다.

번 거듭해서 들어야만 마음 깊숙이 뿌리를 내린다. 아무리 잘 짜인 메시지라도 단 한 번의 발표만으로는 듣는 이의 의식 속에 쉽게 젖어들지 못한다. 효과적인 정보 전달을 위해서는 반복하기를 활용해야 한다. 성공한 경영 혁신을 보면 어떤 경우든지 직원들이 지적으로나 감성적으로 힘든 문제들을 헤쳐나갈 수 있도록 힘을 북돋아 주기 위해 수없이 많은 대화를 한다. 비전 전파라는 과업을 홍보부 혼자만이 전담해야 하는 하나의 프로젝트로 생각하지 않기 때문이다. 다시 말하면 수많은 관리자, 감독자, 그리고 경영자 모두가 그들이 하는 매일매일의 일을 새로운 비전의 관점에서 보려고 노력하기 때문이다. 그럴 때 사람들은 디지털 트랜스포메이션의 방향에 관해 이야기할 좋은 방법들, 즉 특정한 사람이나 그룹에 알맞은 전달 방법을 쉽게 찾아낼 수 있다.

다섯째, 솔선수범이 중요하다. 비전과 일치하지 않는 중요 인사의 언행은 다른 모든 의사 전달도 망쳐버린다. 회사가 나아가 새로운 방향을 전파시키는 데는 행동으로 보여주는 방법이 있다. 이는 가장 강력한 방법 가운데 하나이다. 5명에서 50명에 이르는 최고경영진이 디지털 트랜스포메이션의 비전을 몸소 생활화하면 직원들은 이를 사내 소식에 실린 수백 가지 이야기보다 더 진지하게 받아들이고 디지털 트랜스포메이션이나 비전이라는 것이 정말 믿을 만한 것인가, 아니면 임시적인 시도에 불과한 것인가에 대한 의구심도 모두 사라진다. 비전을 회사 내에 전파시키는 과정에서 비전에 모순되는 중요 인사들의 언행만큼 해로운 것은 없다. 최고경영진이 솔선수범하기 전에는 비전을 전파시키기란 매우 어렵다. 여건이 좋은 경우에도 고위관리자들의 언행을 주의 깊게 관찰해야 한다. 이는 말과 행동이 일치하지 않을 때 쉽게 이를 발견해서 고칠 수 있기 때문이다.

여섯째, 모순처럼 보이는 사실은 분명히 해명하라. 앞뒤가 안 맞는 것처럼 보이는 것은 충분히 해명하라. 그렇지 않으면 모든 의사 전달에 대한 신뢰성이 떨어진다. 디지털 트랜스포메이션을 성공적으로 이루려면 직원들에게 전달할 메시지에 숨은 중요한 모순점들을 항상 분명하게 해명해야 한다. 어차피 혼란을 피할 수 없을 때는 간단하고 솔직하게 설명해야 한다.

일곱째, 먼저 잘 들은 뒤 잘 듣게 만들어라. 양방향 의사 전달이 일방통행식 전달보다 더 유용하다. 비전 내용을 전파시키기가 힘들다는 이유로 직원들의 유익한 의견을 무시한 채 그저 일방적인

4단계 참여를 이끌어내는 의사소통을 전개하라

전환의 비전과 전략을 효과적으로 전달할 때 진정한 이해와 동참을 구할 수 있다.

해야 할 것	하지 말아야 할 것
• 진심에서 우러난 의사소통을 한다. 단순하게 전달한다. 복잡하고 전문적인 방식은 곤란하다. • 의사소통에 임하기 위한 사전 준비를 한다. 특히 사람들의 마음을 이해하도록 노력해야 한다. • 근심과 혼동, 분노, 불신 등에 효과적으로 대처한다. • 의사소통 채널을 통해 쏟아지는 쓸데없는 정보들을 제거해 중요한 메시지가 전달되도록 한다. • 신기술 인트라넷, 동영상 방송, 증강현실·가상현실, 메타버스 등을 이용해 사람들이 비전을 볼 수 있도록 한다.	• 충분한 의사소통을 하지 않는다. • 정보를 전달할 뿐이라는 듯 이야기한다. • 주장한 바를 실천하지 않음으로써 냉소주의를 증대시킨다.

발표만으로 모든 것을 끝내버리는 경우가 있다. 그러나 직원들 스스로 자긍심을 느끼지 못하게 만드는 결과를 초래한다. 성공하는 경영 혁신을 보면 이런 일이 거의 일어나지 않는다. 의사 전달이 항상 양방향으로 일어나도록 노력하기 때문이다. 양방향 의사 전달은 디지털 트랜스포메이션 과정에서 생길 수 있는 모든 의문점을 해결할 수 있는 반드시 필요한 방법이다. 대개 사람들은 한번 부딪쳐 직접 경험해본 것이어야만 쉽게 받아들이는 특성이 있다. 여기서 부딪쳐 경험한다는 것은 질문해보고, 도전해보고, 토론해보는 것을 의미한다.

4단계에서 성공하는 전환의 리더가 해야 할 것과 하지 말아야 할 것을 앞의 표에 정리했다.

2.

5단계: 장벽을 제거하라

디지털 트랜스포메이션의 노력이 성공하기 위해서는 사람들이 전환의 비전을 이해하고 그에 따라 행동하기 시작할 때 앞을 가로막는 장벽들을 제거해줘야 한다. 동조하지 않는 상사, 부적합한 보상·평가 시스템, 구성원의 무력감 등의 장벽들이 제거되어야 할 것들이다.

동조하지 않는 상사라는 장벽을 제거하라

종종 상사가 가장 큰 장벽으로 가로막곤 한다. 직속 상사를 비롯해 일선 감독이든 부사장이든 계층 구조에서 상위에 있는 사람들이 모두 여기에 해당된다. 부하 직원들은 비전을 이해하고 행동을 시작하려 하는데 이를 막아버리는 상사들이 있다. 상사들은 말이나 행동 또는 미묘한 분위기로 새로운 변화는 아무 소용없는 것이라는 의중을 나타낸다.

상급 관리자는 변화에 동참하고 대다수의 하위 직원들도 마찬가지이다. 그런데 중간 관리자가 길을 막는 경우가 많다. 왜 중간 관리자들은 걸림돌이 되는 걸까? 세밀하게 살펴보면 근본적인 이유는 앞에서 제시된 1단계부터 4단계까지가 중간 관리자들에게 성공적으로 전달되지 않았거나 그 모든 단계가 실행되지 않았기 때문이다. 충분한 위기감이나 변화를 선도하는 사람들에 대한 신뢰 또는 전환의 비전에 대한 신념 등이 없다면 당신은 어떻게 되겠는가?

이런 중간 관리자들을 다루는 가장 좋은 방법은 솔직하게 서로 대화를 나누는 것이다. 업계, 회사, 회사의 비전, 회사가 그에게 받아야 할 도움, 그리고 그런 모든 일을 해내야 하는 시한이 얼마 남지 않았다는 등에 대한 속사정을 솔직히 이야기한다. 당신의 도움을 받으려면 우리가 당신에게 무엇을 해주어야 하는가? 사태가 정말 돌이킬 수 없을 정도로 악화되어 그 사람을 교체할 수밖에 없는지는 대화를 시작하자마자 곧 알 수 있을 것이다. 또한 그 사람이 회사를 위해 무언가 돕고 싶지만 방법을 모르고 있다면 대화를 나누면서 해결책을 찾아볼 수 있다.

일은 하고 싶어하지만 능력이 없을 때는 회사가 기대하는 것과 시한을 분명하게 밝혀줌으로써 그가 교체되더라도 덜 섭섭하게 생각하도록 납득시켜야 한다. 이렇게 하면 죄의식을 극복할 수 있다. 또 이런 식의 합리적이고 사려 깊은 대화는 단기적 성과를 망쳐버리거나 이런 일선 감독자들 같은 사람들이 정치적 역공세를 펼 수 있는 위험을 최대한 줄여주기도 한다.

부적합한 보상·평가 시스템의 장벽을 제거하라

두 번째로 매우 흔하게 제시되는 장벽은 공식적인 일련의 제도들이다. 기존 시스템에서 가장 까다로운 문제는 성과 평가와 보상 부분이다. 평가와 보상이 변화의 방향과 어긋나면 직원들을 무력하게 만들 수 있다. 새로운 비전과 전략은 X라고 말하는데 평가 시스템은 X를 확인해 보상하기는커녕 오히려 막는 경우가 있다. 이러한 평가와 보상 제도는 비전이 요구하는 행동을 확인하고 보상함으로써 사람들의 능력 발휘를 고취시킬 수 있는 방향으로 변경하거나 변경이 어려울 때는 폐지되어야 한다.

기존 시스템을 바꾸기는 쉽지만 새로 그린 비전과 현재의 시스템 사이에 있을 수 있는 세세한 모순까지 한꺼번에 모두 없애려 든다면 일은 실패로 끝나고 말 것이다. 일단 단기간에 확실한 성과를 보여주지 못하면 추진팀은 대대적인 트랜스포메이션을 추진할 만한 힘을 갖지 못하게 된다. 다만 현 시스템에 얽힌 이해관계나 절차들이 새 비전과 도저히 맞지 않을 때는 단호하게 해결해야 한다.

이런 문제를 회피하는 것은 오히려 직원들이 스스로 일할 수 있는 권한을 뺏는 꼴이 되어 디지털 트랜스포메이션을 추진하고자 하는 의욕을 무력화시킨다.

무력감의 장벽을 제거하라

여러 가지 장벽 중에서도 사람들을 가장 무력하게 만드는 것은 바로 마음이다. 수년간의 안정, 점진적인 변화, 혹은 변화를 위한 시도가 실패하고 나면 사람들은 도약할 능력 따윈 애당초 자신에게 없었다는 자괴감에 빠질 수 있다. 외부 컨설턴트와 비슷한 규모의 변화를 성공적으로 수행하여 풍부한 경험과 자신감을 보유한 사람을 외부에서 영입하면 그 사람이 마음의 장벽에 갇혀 있는 이들에게 희망과 확신을 심어줄 수 있다.

계획적으로든 우연에 의해서든 외부 사람이 조직의 군데군데 스며듦으로써 처음에는 어느 정도 적의가 생겨날 수 있다. 하지만 그들에게 동조하는 직원들이 늘어남에 따라 이러한 적대감은 극복될 것이다. 진행되는 일들이 계속해서 혼돈에 휩싸이고 좌절되는 순간 외부 영입 인재가 그 일들을 안정되도록 도와주고 직원들에게 다시 확신을 불어넣으며 계속 진행해낼 수 있도록 지원해준다.

또 다른 무력감을 제거하는 효과적인 방법은 교육훈련이다. 교육훈련 프로그램을 통해 권한위임을 강화시켜 새로운 비전을 실현하는 데 결정적 역할을 하도록 하는 것이다.

한 번에 모든 장벽을 제거할 수는 없다

사람들은 여러 가지 이유로 의기소침해지거나 의기소침하게 행동하는 것처럼 보인다. 그 가운데 대부분은 행동을 방해하는 장애 요인이 너무 거대하게 보여서 움츠러든 것이다. 사람들은 상사와의 문제, 중간 관리자의 문제, 보상 시스템의 문제, 의식의 문제 등 여러 가지 문제를 안고 있다. 모든 도전 요인 하나하나가 감당하기 어려워 보인다. 그 이유는 전부 합쳐서 생각하면 문제 규모가 어마어마하게 커지기 때문이다.

상황이 아무리 복잡하더라도 좌절해서는 안 된다. 해결 방안은 간단하다. 모든 것을 한 번에 해결하려 하지 말라. 해결해야 할 이슈 중에서 선택과 집중을 할 한두 가지의 이슈를 먼저 해결해 나가는 노력을 기울이는 것은 매우 현명하고 실용적인 접근방법이다. 5단계에서 성공하는 리더가 해야 할 것과 하지 말아야 할 것을 다음 페이지 표에 정리했다.

5단계 장벽을 제거하라

행동을 가로막는 장애물을 효과적으로 다루어야 한다. 주요 장애 요인으로는 전환을 방해하는 관리자, 부적합한 성과 평가와 보상 시스템, 자신감 결핍 등이 있다.

해야 할 것	하지 말아야 할 것
• 전환에 장벽이 되는 상사와 솔직한 대화를 통해 전환 노력에 참여시킨다. • 방해되는 관리자들에게 변화의 요구를 명확하게 볼 수 있는 직무를 부여하는 것도 고려한다. • 직원들의 자기 확신을 지원할 수 있는, 변화의 경험이 있는 사람을 기업 내부에서 발견한다. 필요 시에는 외부에서 영입한다. • 적합한 보상 제도와 심적 안정이 낙관주의를 고양시키고 자기 확신을 하게 만들도록 한다.	• 부하 직원들의 권한을 심각하게 제약하는 상사들을 방치한다. • 상사의 권력을 빼앗아서(그들은 아마 극도로 두려워하게 된다) 부하들에게 부여하는 방법으로 상사의 문제를 해결하려고 한다. • 모든 장벽을 한 번에 제거하려고 한다. • 비관주의나 공포에 굴복하고 만다.

3.

6단계
: 단기간에 눈에 띄는 성공을 이끌어내라

왜 단기적 성공을 보여줘야 하는가

대대적인 디지털 트랜스포메이션을 성공시키기 위해서는 오랜 기간에 걸쳐 전사적으로 지지를 받아내야 한다. 그런데 단기적 성과를 보여주지 못한다면 트랜스포메이션에 필요한 신뢰를 쌓지 못하게 된다. 대규모 디지털 트랜스포메이션은 시간이 걸리게 마련이다. 트랜스포메이션에 열광적인 사람들은 무슨 일이 생기든 상관없이 자기가 맡은 일을 밀고 나간다. 그러나 나머지 대부분 사람은 트랜스포메이션을 위해 쏟아부은 노력이 결실을 보고 있다는 것을 눈으로 직접 확인하고 싶어한다. 디지털 트랜스포메이션이 가져다줄 혜택에 대한 믿음이 처음부터 없었던 사람들은 더 확실한 증거를 요구한다. 그들은 디지털 트랜스포메이션이 효과를 거두고 있다는 것을 증명해주는 자료와 디지털 트랜스포메이션 과정에서 투입된 많은 자원으로 인해 회사가 위험에 처하지 않았다는 사실을 확인할 수 있는 자료를 보고자 한다.

작지만 단기적인 성공들은 회의론자들을 무력하게 만드는 효과가 있다. 가시적인 성과를 보여줌으로써 추진팀은 디지털 트랜스포메이션의 비전이 옳다는 것을 확실히 믿게 해 여론을 좋은 쪽으로 몰고 갈 수 있다. 또한 단기적 성공을 미리 계획해보는 것은 대대적인 디지털 트랜스포메이션을 성공시키려고 열심히 노력하는 사람들에게 중간 점검과 같은 역할을 한다. 또한 실제로 이런 성공을 이루어내는 것은 추진팀 자신들이 대견하다고 스스로 칭찬할 수 있는 계기를 마련해주기도 한다.

단기적 성공의 특징은 무엇인가

단기적 결과물은 가시적이어야 한다. 모호한 것은 아무런 도움이 되지 않는다. 그럴듯한 회의를 개최한다는 사실 자체는 단기적 성공이 아니다. 추진팀의 팀장이 훌륭하다고 칭찬하는 것, 새 비전을 소개하는 설명서를 배포하는 것도 모두 마찬가지이다. 이런 일들은 모두가 중요한 것이다. 하지만 그 어느 것도 훌륭한 단기적 성과의 표본이 되지는 못한다. 단기적 성공에는 적어도 다음 세 가지 특성이 있어야 한다.

첫째, 눈에 보여야 한다. 많은 사람이 그 결과가 진짜인지 직접 볼 수 있어야 한다. 둘째, 모호하지 않아야 한다. 결과를 두고 왈가왈부 논쟁이 없어야 한다. 셋째, 디지털 트랜스포메이션 활동과 분명히 연계되어 있어야 한다. 예를 들어 디지털 트랜스포메이션의 하나로 1년 내 챗봇을 활용하여 고객응대 프로세스를 전환해서 고객의 만족도는 물론 고객응대 직원의 만족도도 높이는 것으로 목표를 책정한다. 그리고 실제로 이 목표를 1년 내 이룩했다면 단기적 성공이라고 부를 수 있다. 디지털 트랜스포메이션 초반에 실시한 조직개편 결과 신제품 개발 주기가 10개월에서 3개월로 줄었다면 이것도 성공이라고 할 수 있다.

규모가 작은 회사나 대기업의 작은 단위 부서라면 6개월 정도에 첫 번째 성공을 거둘 수 있어야 한다. 규모가 큰 회사에서는 12개월 또는 18개월 정도에 확실한 성공을 거두는 것이 필요하다. 이는 회사의 규모에 상관없이 먼저 앞선 단계들을 종료하지 않은 상태에서도 6단계를 시작하여 어떤 성공을 이룩해야 한다는 것을 의미한다. 여러 단계에 속하는 일들을 한꺼번에 하는 것은 일을 복잡하게 만들 수 있으나 대규모 디지털 트랜스포메이션을 성공시키려면 그렇게 해야만 한다.

단기적 성공은 어떤 역할을 하는가

단기적 성공은 적어도 여섯 가지 측면에서 디지털 트랜스포메이션의 추진에 도움을 준다. 첫째, 단기적 성공은 디지털 트랜스포메이션 추진팀을 강화시키는 작용을 한다. 단기간에 성취한 성공은 사람들에게 그들이 치른 희생이 그만한 가치가 있다는 것을 알게 해주고 그들이 점점 강해지고 있다는 것을 보여준다.

둘째, 디지털 트랜스포메이션을 주도하는 사람들에게는 잠시 쉬면서 이 작은 성공을 자축할 기회를 제공한다. 오랫동안 끊임없는 긴장 상태에서 일하는 것은 건강에 좋지 않다. 이러한 축하 행사는 몸과 마음 모두에 유익한 것이다.

셋째, 단기적 성공을 이루면서 추진팀은 그들이 만들어낸 비전이 주위 환경 변화에 얼마나 적합한지 검토해볼 수 있다. 이 검토 과정에서 배우는 것들은 엄청난 가치가 있다. 비전이 전혀 옳지 않을 수 있다. 더 흔한 일은 비전하에서 수립한 전략들을 수정해야 하는 경우들이다. 단기적 성공을 성취하기 위해서 노력을 집중하지 않으면 이런 문제점들을 발견하더라도 너무 늦어버려 궤도 수정에 필요한 시간적 여유가 없어진다.

넷째, 단기적 성공을 빨리 보여주면 디지털 트랜스포메이션에 냉소적이거나 기를 쓰고 반대하던 사람들을 무력화시킬 수 있다. 단기적 성공이 반드시 이런 사람들 모두를 조용히 입 다물게 하는 것은 아니다. 그러나 최소한 반대자들의 무기를 빼앗아버리는 효

단기적 성공의 역할

- 희생한 보람이 있음을 증명함: 그동안 들어간 비용이 절대 헛되지 않았음을 보여준다.
- 디지털 트랜스포메이션 주도자들을 격려해줌: 힘든 일들을 수없이 많이 한 사람에게 긍정적인 반응을 보여주는 것은 사기를 북돋아주고 동기를 유발하는 효과가 있다.
- 비전과 전략을 미세하게 수정하는 데 도움을 줌: 단기적 성과를 성취하는 과정에서 추진팀은 비전과 전략이 옳다는 구체적인 자료를 얻게 된다. 또한 필요시에는 비전과 전략을 수정하게 한다.
- 냉소주의자와 반대론자를 무력화시킴: 전환의 효과가 분명하면 변화를 방해하기가 어렵게 된다.
- 상사들을 계속 혁신에 참여시킴: 상위그룹 사람들에게 전환이 제대로 가고 있다는 증거를 보여준다.
- 추진력을 증가시킴: 방관자를 지지자로, 수동적인 지지자를 적극적인 주도자로 바꾼다.

과가 있다. 반대자들이 디지털 트랜스포메이션 주도자들을 공격하기 어렵게 만든다.

다섯째, 가시적인 결과를 만들어내는 것은 전사적 지지를 계속 확보하는 데 도움을 준다. 말단직원에서 그리고 중간관리층에서 이사회에 이르기까지 중요 인사들이 신뢰감을 보여주지 않으면 트랜스포메이션은 큰 난관에 봉착하게 된다.

마지막으로 여섯째, 단기적 성공은 디지털 트랜스포메이션을 위한 추진력을 강화시키는 데 큰 도움을 준다. 앉아서 구경만 하던 방관자를 지지자로 만들고 마지못해 소극적으로 따르기만 하던 사람들을 적극적으로 앞장서게 만든다. 추진력을 강화시키는 것은 대단히 중요한 일이다.

단기 성과 획득을 미리 계획하라

과거 경영 혁신 실패의 흔한 이유는 의도적으로 단기적 성공을 보여주기 위해 미리 계획을 세우지 않았다는 것이다. 단기적 성공이란 우연히 이루어지는 것이 아니다. 단지 가능성만을 말하는 것도 아니다. 단기적 성공을 미리 계획하고 거기에 맞춰 디지털 기술을 도입하는 등 목적한 결과를 얻어내도록 계획을 실천에 옮겨야 한다. 그러나 무엇보다 중요한 것은 장기적 목표를 희생하면서까지 단기적 성공을 극대화하는 데 치중해서는 안 된다는 것이다.

요점은 가시적인 성과를 빨리 보여줌으로써 지금 추진하는 디지털 트랜스포메이션이 꼭 성공할 수 있다는 것을 사람들이 믿게 해야 한다. 그러기 위해서는 미리 계획을 세워야 한다는 것이다. 그러나 모든 사람이 그렇게 하지 않는다. 여기에는 다음과 같은 세 가지 이유가 있다.

첫째, 다른 일들에 쫓겨 이런 성공을 계획할 시간적 여유가 없기 때문이다. 위기감이 충분히 크지 않을 때도 있고 비전이 명확하지 않을 때도 있다. 그럴 때 디지털 트랜스포메이션은 제대로 진행되지 않고, 이를 정상화시키려면 일이 뒤죽박죽 엉키게 된다. 이런 상황에서는 단기적 성공을 위한 시간과 관심을 충분히 끌어내지 못한다.

둘째, 사람들은 본래 대형 디지털 트랜스포메이션과 단기적 성공 두 가지를 동시에 얻어낼 수 없다고 믿기 때문이다. 이런 단기적 성공을 위해 열심히 노력하지 않는다. 대규모 경영 혁신 프로그램은 장기적인 일이므로 단기적 성공을 기대하는 것은 원초적으로 무리라는 것이다. 짧은 기간에 큰 성과를 올리겠다는 것은 무리한 계획이며 가능하지도 않다고 생각한다.

셋째, 관리가 충분하게 이루어지지 못하고 있다. 특히 추진팀에서 관리능력이 부족하거나 핵심 지위에 있는 관리자들에게 디지털 트랜스포메이션에 대한 의지와 헌신이 부족한 경우이다.

일반적으로 리더십은 미래를 내다보는 장기적인 것이고 관리는 바로 눈앞의 단기적인 일을 다루는 것이다. 관리를 잘하지 못하면 좋은 결과를 얻기 위해 꼭 필요한 일들, 즉 계획을 세우는 일, 조직을 잘 구축하는 일, 그리고 이를 통제하는 일 모두를 잘할 수 없게 된다. 관리 능력이 충분하지 못하면 전환 성과를 측정하는 일도 제대로 해내지 못한다. 관리 능력이 없으면 또한 구체적으로 수행해야 할 일들을 지나쳐 버리거나 해도 제대로 마무리하지 못한다.

규모가 크고 오래된 기업의 관리자들이 디지털 트랜스포메이션에 헌신적이지 않은 이유는 디지털 트랜스포메이션 초기 단계가 잘 마무리되지 않았기 때문이다. 위기감으로 무장되어 있지 않았다든지, 영향력 있는 인사들이 추진팀에 충분히 참여하지 않았다든지, 회사의 비전을 효과적으로 알리지 못했다든지, 전 직원에게 적절한 힘을 실어주지 못했다면 지나치게 관리 중심적인 사람들은 그저 옆에서 구경만 하게 된다. 특히 단기적 성공을 만들어내는 과정에서 결정적 역할을 해주어야 할 관리자들이 이렇게 돼 버리고 마는 것이다.

압박감이 위기감으로 이어져야 한다

디지털 트랜스포메이션을 추진하는 과정에서 단기적 성공을 거두려면 직원들은 더 많은 압박감을 느낀다. 그렇지 않아도 스트레스를 받는 직원들에게 이런 압박감을 가중시키는 것은 옳지 않다는 주장도 있다. 디지털 트랜스포메이션을 본격적으로 시작한 지 1~2년이 지나도 끝이 보이지 않으면 직원들은 긴장이 풀리게 마련이다.

이럴 때 경영진이 비전과 이에 따른 전략들을 계속 명확하게 설명해줌으로써 압박감이 위기감으로 이어질 수 있도록 해야 한다. 또한 단기적 성공을 위해서 노력하는 것이 위기감을 높이는 가장 좋은 방법이다. 이렇게 함으로써 직원들은 힘은 들어도 명분을 이해하기 때문에 계속 정진할 수 있다. 지쳐 있는 직원들에게는 새로운 동기 부여가 필요하다.

단기적 성공은 진실해야 한다

단기적 성공이 아닌 단기적 속임수가 나쁜 결과를 가져올 수도 있다. 디지털 트랜스포메이션을 가속화하기 위해서 재무제표 숫자를 조작하여 회사의 업적이 분기마다 조금씩 좋아지고 있음을 보여주는 것은 단기적 속임수에 속하는 하나의 예이다. 이런 회계장부상의 마술이 어떤 상황에서는 도움이 될 수도 있지만 이에 따르는 위험은 대단히 크다. 단기적 속임수는 다음과 같은 속성이 있기 때문이다.

첫째, 습관성이 될 수 있다. 한번 이런 식으로 잔재주를 부리기 시작하면 멈추기가 어렵다. 단기적인 술수는 장기적으로 여러 문제를 만든다. 이런 문제들을 호도하기 위해서 또 다른 많은 술수가 필요하기 때문이다. 둘째, 핵심 요직에 있는 경영자들을 냉소적이거나 저항하는 사람으로 만든다. 이런 사람들은 실제로 무슨 일이 벌어지는지 잘 알기 때문이다. 셋째, 이런 방법이 비윤리적이라고 생각하는 사람들을 소외시킨다. 추진팀 전체가 이런 방법에 대해 토의하고 채택하기로 한 경우라면 부정적인 위험을 어느 정도 줄일 수 있다. 그러나 이런 경우라 할지라도 떳떳하지 못한 방법으로 얻은 결과는 디지털 트랜스포메이션의 다음 단계인 7, 8단계를 수행하는 데 필요한 동력을 제공하지 못한다. 디지털 트랜스포메이션을 도울 수 있는 단기적 성공은 순수해야 한다. 단기적 성공은 절대 권모술수로 만들어지지 않는다.

리더도 관리 능력이 필요하다

체계적으로 목표를 정하고, 그 목표를 달성하기 위한 예산과 세부계획을 세우고, 그 계획을 실행하기 위한 조직을 만들어 전 과정이 제대로 실행되도록 통제하는 것이 관리의 요점이다. 이렇게 관리가 무엇이고 또 디지털 트랜스포메이션을 성공적으로 이루기 위해서는 단기적 성과가 필요하다는 것을 이해하면 매우 중요한 원리 하나를 깨닫는다. 디지털 트랜스포메이션이란 단지 리더십 하나만 필요로 하는 작업이 아니다. 훌륭한 관리도 필요하다는 원리이다. 성공적인 디지털 트랜스포메이션을 이루기 위해서는 리더십과 관리 능력 사이에는 균형이 이루어져야 한다.

어떠한 경영 혁신이든 리더가 가장 중요한 역할을 맡는다. 두말할 필요도 없이 많은 사람이 강력하고도 유능한 리더십을 발휘하지 않는다면 조직구조 전환과 기업문화 변화 등은 잘 진행되지 않거나 아예 기대하지도 못하게 된다. 그러나 리더십 이외에도 더 많은 것이 필요하다. 대대적인 디지털 트랜스포메이션에서 추진하는 여러 소규모 프로젝트 하나하나도 잘 관리해서 통제에서 벗어나거나 제멋대로 운영되거나 혹은 전혀 엉뚱한 방향으로 가는 것을 방지해야 한다. 즉 관리 능력도 필요하다. 그러나 불행하게도 카리스마 넘치는 리더들은 때때로 관리적인 면이 아주 서투르다. 개인적인 인품이 경영 혁신 과정에서 지극히 중요하고 큰 도움을 준다는 명확한 증거는 얼마든지 있다. 그러나 카리스마 넘치는 리더가 훌

리더십, 관리 능력, 단기적 성공 그리고 성공적인 디지털 트랜스포메이션 간의 관계

리더십 \ 관리능력	낮음	높음
높음	디지털 트랜스포메이션은 얼마 동안은 성공할 수 있지만 단기적 성공이 없다면 실패한다.	성공한 디지털 트랜스포메이션은 탁월한 리더십과 훌륭한 관리 능력의 합작품이다.
낮음	디지털 트랜스포메이션은 전혀 성공할 수 없다.	디지털 립스틱을 통해 단기적 성공은 가능하지만 진정한 디지털 트랜스포메이션이나 장기적 성공은 성취하기 어렵다.

륭한 관리자가 되지 못하거나 다른 직원의 관리 능력을 인정하지 않으면 단기적 성공을 이룩해내기가 쉽지 않다.

디지털 트랜스포메이션의 처음 여섯 단계가 하는 제일 중요한 역할은 기업 내에 충분한 관성momentum을 결집시켜 디지털 트랜스포메이션에 장애가 되는 단단한 장벽들을 제거해버리는 것이다. 이런 단계에서 어느 하나라도 무시하면 모든 노력은 수포가 되고 만다.

6단계에서 성공하는 전환 리더가 해야 할 것과 하지 말아야 할 것을 다음의 표에 정리했다.

6단계 단기간에 눈에 띄는 성공을 이끌어내라

단기간에 그리고 충분히 빠른 기간 내 성공을 끌어내도록 하라. 이를 통해 전환 지지자들의 힘을 북돋우고, 비관주의자들을 계몽하고, 냉소주의를 물리치고, 전환에 필요한 추진력을 확보할 수 있다.

해야 할 것	하지 말아야 할 것
• 단기간에 성공을 거둔다. • 되도록 많은 사람이 볼 수 있는 성공을 거둔다. • 명확한 성공을 통해 감정적인 방어를 무너뜨린다. • 의미가 있는 성공일수록 좋다. • 영향력을 발휘할 수 있는 사람들에게 도움이 되는 성공을 통해 그들의 지지를 끌어낸다. • 비용이 적게 들고 쉬운 성공을 이루어낸다. 이 성공은 원대한 비전에 비추어볼 때 하잘것없어 보일 수도 있다.	• 동시에 아주 많은 프로젝트를 추진한다. • 최초 승리를 너무 늦게 거둔다. • 진실하지 않은 성과를 제시한다.

7장

어떻게 지속적으로 추진하는가

DX MANAGEMENT

1.
7단계: 전환 속도를 늦추지 마라

본격적인 디지털 트랜스포메이션은 시간이 오래 걸리게 마련이다. 특히 규모가 큰 회사에서는 더욱 오랜 시간이 걸린다. 예기치 못한 많은 일이 트랜스포메이션 과정에서 일어난다. 디지털 트랜스포메이션을 위한 핵심 주도자가 다른 자리로 옮긴다든지, 추진팀이 너무 지쳐 있다든지 하는 것들이다. 단기적 성공이라는 것은 디지털 트랜스포메이션을 계속 끌어갈 수 있는 필수요건이다. 하지만 이 단기적 성공을 대대적으로 축하한 후유증으로 직원들이 위기감을 잃게 되는 치명적인 실수로 이어질 수 있다. 자만심이 다시 높아지고 그동안 숨죽이고 있던 반대세력들이 무시 못 할 힘과 속도로 다시 등장하기 때문이다.

저항세력은 호시탐탐 틈을 노린다

디지털 트랜스포메이션에 대해 합리적이 아니라 정치적으로 저항하는 세력들은 결코 완전히 사라지지 않는다. 전환운동 초반에 그럴듯한 성공을 거두었다 해도 구조조정으로 자기 세력이 약화되는 것을 두려워하는 자기 중심적인 관리자, 고객 만족을 위해 왜 그토록 오랜 시간을 보내야 하는지 이해하지 못하는 속 좁은 기술자, 직원에게 권한을 위임하는 것은 바보나 하는 것으로 생각하는 융통성 없는 재무부서 책임자들은 자기 자리에서 호시탐탐 기회만 노리고 있다. 단기적 성공을 축하할 때가 반대자들에게는 좋은 기회가 된다.

반대자들은 어느 정도 성공을 거두었으니 이제는 쉴 만한 자격이 우리에게 있다는 메시지를 설파한다. 전환에 참여했던 사람들은 앞으로도 할 일이 많다는 것을 알면서도 지칠 대로 지친 사람들은 이런 듣기 좋은 말에 귀가 솔깃해진다. 휴식을 취하면서 긴장을 좀 푸는 것은 별문제 없을 거라고 나름대로 합리화하기도 한다. 이 단계에서 저지르는 이런 실수가 매우 심각한 결과를 가져올 수 있다. 과거 대규모 경영 혁신에서 관찰된 하나의 법칙이 있다. 어떤 일을 확실히 마무리 짓기 전에 긴장을 풀면 경영 혁신은 한계속도를 잃어버려 결국 추락하고 만다는 것이다.

위기감을 지속시켜야 한다

변화를 시도하는 과정 중에서 이번 단계에서 발생하는 가장 흔한 문제는 위기감이 가라앉는 것이다. 여기서는 오히려 성공이 장애가 된다. 성공적인 전환의 리더라 해도 단기적인 성과가 나타나면 위기감이 떨어지는 것을 방치하기 쉽다. 너무 일찍 승리를 선언하고 자기만족에 빠지는 것도 쉽게 빠지는 함정이다. 이와 같은 함정은 대규모 변화의 특성상 어쩔 수 없이 내재하게 마련이다.

이러한 함정에서 벗어나기 위해 1단계에서 사용한 거의 모든 방법을 적절하게 변형해 7단계에도 적용할 수 있다. 예를 들어 사람들의 준거 체계, 즉 상황을 어떻게 보느냐 하는 시각을 바꿈으로써 위기감을 다시 고조시킬 수도 있다. 운영 프로세스의 효율화를 목표로 삼았다가 단기적 성공을 이룬 다음에는 고객 서비스 향상이란 목표로 시각을 변경함으로써 위기감을 유지해 나갈 수도 있다. 또한 새로운 외부 회사와의 비교를 활용할 수도 있다. 처음에는 직접적으로 경쟁 회사를 비교 대상으로 삼아 위기감을 고조시키고 시간이 흐른 다음에는 신규 진입자들의 위협을 활용하여 위기감을 지속시킬 수 있다.

더욱더 어려운 전환에 도전하라

전환 노력 초기에는 작은 성공이라도 거둬서 추진력을 창출하고자 하기 때문에 일반적으로 쉬운 과제를 선택한다. 그러나 계속되는 변화의 물결을 타다 보면 어떤 지점에서는 굳건한 부서 간 장벽이나 복잡하게 얽혀 있는 조직 내부와 어려운 정치적인 문제에 부딪히게 마련이다. 그러나 이 처리하기 어려운 골칫거리를 다루지 않는 한 결코 조직 전환이라는 비전을 충족시킬 수 없게 된다.

복잡한 조직을 트랜스포메이션하기 위해서는 다수의 프로젝트를 동시에 또는 연속적으로 수행하는 것이 필요하다. 여러 개의 프로젝트를 동시에 추진하려면 고위경영자들은 전체적으로 리더십에 관련된 사항들만 집중적으로 맡고 관리 차원이나 리더십에 관한 일 가운데 자세한 일들은 되도록 일선 관리자들에게 위임해 주어야 한다. 이런 방법으로 일을 처리해야만 가능한 한 많은 사람이 다수의 프로젝트를 추진해 나가는 데 도움을 줄 수 있다. 더욱 중요한 것은 고위경영자가 발휘하는 리더십으로 인해서 아랫사람들은 끝없이 계획을 다시 짜거나 회의를 하지 않고서도 자기 업무를 상호 조정하는 데 필요한 정보를 얻을 수 있는 것이다.

고위경영자가 리더십을 발휘하여 모든 사람이 큰 그림을 이해하고 전체적인 비전과 전략을 알며 각 프로젝트가 종합적으로 어떻게 큰 그림에 기여하는지도 알게 해야 한다. 이런 경우 각기 다른 일에 종사하는 사람들은 서로 자주 만나지 않고서도 장기적인 공동 목표를 위해서 매진할 수 있게 된다. 그들은 또한 다른 프로젝트들과 어디에서 의견 충돌이 발생할지도 예측할 수 있다. 그리고 총체적 비전에 비추어볼 때 우선순위는 어디에 둘 것이며 회사 전체를 발전시키기 위해서는 무엇을 해야 할 것인가도 미리미리 알게 된다.

이런 틀에서 여러 의견 충돌은 대개 충분한 시간과 적절한 정보를 가진 하위 부서 사람들에 의해 해결된다. 상층부에서 좋은 리더십을 발휘하면 이들 하위직 관리자들은 덩달아 트랜스포메이션 전체에 헌신적이 된다. 그 결과 부서 이기주의나 정치적인 요소를 최대한 배제하면서 꼭 필요한 일만 하게 된다. 즉 최고경영진이 리더십을 충분히 발휘하고 관리 차원의 일과 리더십에 따른 세부사항을 하부에 과감히 이양할 때 비로소 다수의 프로젝트를 동시에 추진할 수 있다.

업무 과중은 가능한 빨리 해결해야 한다

전환이 깊숙이 진전되어 팽팽한 위기감이 유지되는 성공적인 변화를 이루어냈더라도 너무 지친 탓에 변화가 실패할 수 있다. 변화 노력을 지속해서 수행하다 보면 사람들이 일에 치이게 되고 분개하는 경우도 직면하게 된다. 이러한 상황에 직면하면 많은 사람은 이제 해결책이 없다고 좌절하게 된다. 해야 할 일이 너무 많은가?

그렇다면 그 가운데 일부를 과감히 버리도록 하라.

업무 과중 문제를 다루는 가장 좋은 방법은 가능한 한 전환 과정의 초기에 해결하고자 노력을 기울이는 것이다. 어느 날 갑자기 과중한 업무로 인한 스트레스가 눈앞에 닥치도록 하지 말고 조금씩 예견하도록 하라. 그다음에는 현재 제기되는 문제와 관련 없는 과거로부터 연유한 모든 것들을 다이어리에서 깨끗이 지워라. 몇십 년 넘게 지속된 것이라 하더라도 불필요하다면 매주 화요일 정례 회의를 중지하라. 이해하는 데 시간만 낭비하고 더 이상 필요하지도 않은 여섯 종류의 보고서를 없애라. 출장을 가는 대신 화상회의를 이용하라. 반드시 참석할 필요가 없는 회의에는 참석하지 마라. 전환의 노력에는 별 도움이 되지 않으면서 시간과 돈만 낭비하는 그저 하고 싶어서 하는 프로젝트는 중단하라.

좀 더 권한을 위임하라. 다른 사람들이 해도 되거나 해야만 하는 일들을 찾아서 맡겨라. 권한을 아래로 이양할 뿐 아니라 위의 상사나 옆의 동료에게 이양하는 방안도 있다. 다른 동료가 더 잘할 수 있는 일이 있다면 그가 하도록 하라. 상사가 더 잘할 수 있는 일은 상사에게 부탁하라. 명성 때문에 모든 중요한 일들은 내가 하겠다는 집착을 버려라.

7단계 전환 속도를 늦추지 마라에서 성공하는 리더가 해야 할 것과 하지 말아야 할 것을 다음 페이지 표에 정리했다.

7단계 전환 속도를 늦추지 마라

비전을 실현할 때까지는 멈추지 말고 전환을 거듭하라. 장애물을 뛰어넘어라.

해야 할 것	하지 말아야 할 것
• 당신을 지치게 하는 일들로부터 자유로워지기 위해 적극적으로 노력하라. 과거에는 적절했으나 지금은 그렇지 못한 일, 다른 사람에게 이양할 수 있는 일들로부터 벗어나라. • 위기감을 계속 팽팽하게 유지할 방법을 지속적으로 찾아라. • 새로운 상황을 잘 이용하여 다음 단계의 도전의 물결로 연결시켜라. • 언제나 보여주도록 하라. 보여주도록 하라, 보여주도록 하라.	• 엄격한 4개년 계획을 수립한다. • 아무것도 하지 않는 편이 잘하는 것이라는 확신을 한다. • 조직 내 뿌리 깊게 박혀 있는 관료적이고 정치적인 행동에 맞닥뜨리지 않고서도 과제를 완수할 수 있다고 확신한다. • 육체적, 정서적으로 쇠약해질 만큼 열심히 일한다.

2.

8단계: 전환을 정착시켜라

조직 전환은 우리가 생각하는 것보다 취약하다. 전환을 정착시키는 것은 정말 어렵다. 대규모 변화 노력의 가장 마지막 단계에서 이 문제를 제대로 해결하지 못한다면 모든 수고가 물거품이 되고 만다. 대규모 변화의 노력에 전통적인 조직의 문화라는 중력이 작용하게 마련이다. 문화는 매우 복잡한 개념이다. 문화는 한 조직에 속한 사람들이 공유하는 행동의 규범과 가치관이다. 무엇이 가치 있는 일이고 어떻게 행동해야 하는가에 대한 공통적인 감정의 집합인 것이다. 이러한 문화를 제대로 만들어내지 못하면 변화의 노력은 쉽게 무너질 것이다.

문화의 강력한 힘을 이용하라

문화가 강력한 힘을 발휘하는 이유는 다음과 같다.

- 조직 구성원을 의식화하기에 좋다.
- 문화란 수많은 사람의 행동을 통해서 스스로 표출되는 것이다.
- 이 모든 것은 무의식적으로 진행되므로 도전이나 토론의 대상이 되기 힘들다.

문화라는 것이 무의식중에 얼마나 많은 영향력을 끼치는지 보여주는 한 예가 있다. 폭발물을 주력상품으로 제조하는 회사는 안전에 철두철미했기 때문에 경영진들이 층계를 오르내릴 때면 조심스럽게 층계 손잡이를 잡는다고 한다. 문화란 이런 식으로 엄청난 영향력을 발휘한다. 그러므로 디지털 트랜스포메이션으로 도입한 새로운 변화들은 어떤 방법으로든지 그 문화 속에 뿌리를 내려야 한다. 만약 그렇지 못하면 언제든지 옛날로 되돌아갈 수 있다.

문화의 힘을 이용하여 대규모 변화인 디지털 트랜스포메이션을 정착시킬 수 있다. 이 방법은 매우 쉬운 듯 보이면서도 한편으로는 매우 어렵다. 새로운 규범을 만들어내기 위해서는 그동안 간직해온 오랜 규범을 교체해야 하기 때문이다. 이러한 이유로 대규모의 변화인 디지털 트랜스포메이션의 성공 사례로 신생 기업이 많은 반면에 기존 기업은 매우 드문 것이다. 새로 시작하는 기업에서는 창업자가 새로운 행동 규범과 가치관을 강력하게 정착시킬 수 있다. 그러나 기존 회사에서 변화의 노력을 정착시키는 데 직면하는 문제는 기존 문화를 새로운 문화로 제대로 바꾸지 못함으로써 어려움을 겪는다는 것이다.

새로운 문화로 기존의 문화를 어떻게 대체할 것인가

디지털 트랜스포메이션을 위해서 새로 도입된 제도들을 조직문화에까지 뿌리 내리도록 한다는 것은 쉬운 일은 아니다. 몇 가지 행동 규범을 제외하고는 기존의 핵심 문화와 새로운 비전이 공존할 수 있다. 이런 경우 서로 맞지 않는 부분들만 제거하면서 새로운 제도를 기존 문화에 접목시키는 것이 디지털 트랜스포메이션에 성공하는 관건이 된다. 이 경우보다 새로운 제도들이 기존의 문화의 핵심요소와 일치하지 않을 때는 디지털 트랜스포메이션을 정착시키기가 더 어렵다. 이 문제는 다음과 같이 해결할 수 있다.

- 회사가 거둔 성과와 디지털 트랜스포메이션 사이에 어떤 관계가 있는지 설명한다.
- 기존 조직문화는 어떻게 해서 생겨났고 어떤 이익을 보았고 왜 지금은 더 이상 도움이 되지 않는지 설명한다.
- 새로 채용한 사람들에게는 그들을 옛 행동규범이나 가치관을

기준으로 선발하지 않았다는 것을 재차 확인시켜준다.

- 디지털 트랜스포메이션을 진정으로 받아들이지 않는 사람들은 승진 대상에서 제외시킨다.
- 현 대표이사를 승계할 후보자들이 옛 조직문화에 젖어 있지 않다는 것을 확인한다.

기존 조직문화를 지우고 새 조직문화를 창조해내는 것은 매우 어려운 일이다. 오랫동안 비슷한 개성을 지닌 사람만 채용해서 공유 가치관이 계속 남아 있을 때 조직문화를 바꾸려면 사람 자체를 바꿔야 한다. 다행히 새로운 비전과 직원들의 특성이 서로 일치는 하지만 공유 가치관이 오랫동안 함께 근무하는 과정에서 만들어진 것이라면 바꾸기 위해서는 새롭게 다양한 경험을 쌓아가면서 몇 년간을 꾸준히 노력하는 수밖에 없다. 그런 이유로 조직문화의 전환은 디지털 트랜스포메이션을 시작할 때가 아니고 마무리 지을 때 추진해야 한다.

조직문화의 전환은 맨 마지막에 하는 것이다

경영 혁신에서 조직문화에 대해서 빈번하게 인용됐던 이론이 있다. 그 이론에 따르면 한 집단을 혁신하고자 할 때 가장 큰 장애가 되는 것은 그 집단이 가진 문화다. 그렇기 때문에 대대적인 경영 혁신을 하기 위해서는 가장 먼저 행동규범과 가치관을 바꿔야 한다. 일단 조직문화만 바꾸면 경영 혁신의 나머지 부분의 성공 가능성은 그만큼 커지고 실천하기도 쉬워진다. 그러나 이 기존 이론은 틀렸다. 조직문화는 사람들의 행동이 바뀌고 나서 일정 기간 집단 전체가 이익을 보고 난 후 사람들이 이 새로운 행동과 개선된 성과 사이에 어떤 분명한 인과관계가 있다는 것을 알게 된 뒤에야 비로소 바뀐다. 따라서 조직문화의 전환은 1단계가 아니고 8단계에서 이루어지는 것이다.

그렇다고 해서 그 이전 단계에서는 조직문화에 관심을 가질 필요가 없다는 것이 아니다. 현재의 조직문화를 더 잘 이해하면 할수록 어떻게 하면 위기감을 더 잘 고취할 수 있는지, 어떻게 하면 추진팀을 더 잘 구성할 수 있는지, 어떻게 하면 비전을 제대로 만들 수 있는지 등의 문제들을 더 쉽게 해결할 수 있다.

어떻게 조직문화에 디지털 트랜스포메이션을 정착시키는가

디지털 트랜스포메이션을 조직문화에 정착시키기 위해 신입사원 오리엔테이션, 승진 프로세스, 감정의 힘을 활용할 수 있다. 먼저 새로운 문화를 대표했던 사람들이 떠나면 문화도 함께 사라진다. 또한 새로운 사람들이 조직에 영입될 때 각기 나름의 문화를 가져온다. 어느 경우든지 새로운 운영 방식은 흔들리기 쉽다. 그러므로 이 문제를 해결하기 위한 구체적인 조치가 필요하다. 이를 위해서는 신입사원의 오리엔테이션을 활용할 수 있다.

첫째, 신입사원 오리엔테이션을 무성의하게 관행대로 진행한다면 신입사원들은 단지 회사 선전 홍보라고만 느낄 것이고 별 효과도 보지 못할 것이다. 신입사원 오리엔테이션에서 본다-느낀다-변화한다의 원리를 적용한 동영상이나 애니메이션, 역할놀이 등을 활용하여 회사의 운영 방식을 소개하고 문화의 중심 가치를 보여주면서 실제 고객의 가슴 뭉클한 메시지도 전달하는 등 다양한 방면에서 성의껏 진행할 필요가 있다. 오리엔테이션을 통해 비전을 설득력 있게 제시함으로써 신입사원이 올바른 방식을 빨리 습득해야겠다는 의지를 갖게 된다. 그 결과 향상된 행동과 성공이 연속해서 일어남으로써 새로운 방식에 따른 행동은 문화의 더욱 깊숙한 곳까지 파고들게 된다.

둘째, 취약한 문화를 강화하기 위해 승진 프로세스를 이용하기도 한다. 올바른 승진 결정을 한 것이라면 새로운 규범을 잘 나타내는 사람들의 영향력을 확대하는 방향으로 이루어질 것이다. 이 과정을 통해 조직 내 규범을 강화할 수 있다. 조직의 중요한 직무에 새로운 문화를 습득한 사람들을 배치함으로써 점차 단단하고 안정적인 기반을 다져갈 수 있다. 이러한 사람을 고위직 임원으로 승진시키는 것이 가장 효과적이다. 이러한 직무에는 막강한 권력이 수반되게 마련이고 사람들 눈에도 잘 띄기 때문이다. 선순환 고리가 만들어질 수도 있다. 올바른 승진 결정을 내리려는 규범이 강력할수록 효과적인 발탁이 이루어진다.

따라서 새로운 문화를 받아들인 사람들은 더욱 고무된다. 사람들은 더욱 올바른 행동을 나타내 사업 성과를 높이게 되고 새로운 규범이 조직에 더욱 깊숙이 스며들어 승진 결정의 방향은 더욱 굳어진다.

셋째, 감정의 힘이 대규모의 변화를 이루는 데 아주 중요하다. 본다-느낀다-변화한다의 원리가 바로 감정의 힘에 기반을 둔 변화 방법론임은 이미 언급한 바가 있다. 예를 들어 비전퀘스트 등의 방법을 동원해 기존 직원과 새로운 직원이 함께 회사의 비전을 보고 느끼고 감동하도록 도와준다. 이러한 공동의 감정들은 성공적인 조직문화를 조성하고 강화하는 좋은 디딤돌이 된다.

8단계에서 성공하는 전환의 리더가 해야 할 것과 하지 말아야 할 것을 표에 정리했다.

8단계 전환을 정착시켜라

디지털 트랜스포메이션이 조직문화에 뿌리내리도록 노력함으로써 정착시켜야 한다.

해야 할 것	하지 말아야 할 것
• 7단계에서 멈추지 않는다. 전환이 뿌리내리기 전에는 끝난 것이 아니다. • 신입사원 오리엔테이션을 통해 조직이 소중히 여기는 것이 무엇인지 보여준다. • 승진 프로세스를 통해 새로운 규범을 실천하는 사람들을 영향력 있고 눈에 띄는 직무에 배치한다. • 새로운 조직과 새로운 조직의 임무, 그리고 새로운 조직이 성공하는 이유에 대한 생생한 이야기를 반복해서 들려준다. • 새로운 문화를 조성하는 행동 양식이 유지되고 있는지 반드시 확인한다.	• 대규모 변화를 정착시키기 위해 문화가 아닌 책임자나 보상체계 등에 의존한다. • 디지털 트랜스포메이션의 첫 단계에서 문화를 바꾸고자 노력한다.

3.

추가제언: 긍정적인 감정을 강화시키고 구성원 모두를 전환 리더로 만들어라

4차 산업혁명이 가져다준 경쟁 환경의 급속한 변화는 절대 멈추지 않을 것이다. 성공적인 조직들은 지속적으로 변화하고 자연스럽게 적응해 나갈 것이다. 그 과정에서 가장 어려운 점이 있다면 바로 직원들의 행동을 바꾸는 일이다. 분석과 사고를 통해서라기보다는 목격하고 느끼는 과정을 통해 행동을 끌어내야 한다. 슈바이처 박사는 "모범을 보이는 것은 다른 사람에게 영향을 미치는 가장 좋은 방법이 아니다. 그것은 유일한 방법이다."라는 말을 한 적이 있다. 또한 최고경영자 한 명이나 소수 관리자만을 가지고는 성공적인 변화를 지속적으로 이끌기에는 한계가 있다. 조직 구성원 모두 전환의 리더가 되어야 한다.

변화를 촉진하는 긍정적인 감정을 강화하라

조직이 크든 작든 간에 조직 전체가 변화하기 위해서는 명료한 사고 과정이 매우 중요하다. 예를 들어 올바른 전략을 수립하기 위해 현재 상황에 관해 분석하고 그 의미를 찾는 고찰 과정이 필요하다. 위기감을 불러일으킬 만한 정보를 찾아내는 것 또한 좋은 예이다. 그리고 단기적인 성공을 거둘 만한 프로젝트를 고를 때도 사고 과정이 필요하다.

그러나 변화를 성공시킨 여러 사례를 살펴보면 사고 과정과는 다른 패턴이 숨어 있다. 변화를 가로막는 사람들의 감정에 세심한 주의를 기울이는 것이다. 성공적인 변화를 이루기 위해서는 변화에 대한 부정적이거나 비관적인 감정은 최소화하면서 변화를 촉진하는 긍정적인 감정은 강화해야 한다. 이러한 노력은 8단계 전반에 걸쳐 지속적으로 이루어져야 한다. 변화를 가로막는 감정들은 근심, 그릇된 자부심, 비관주의, 자만심, 냉소, 공포, 피곤, 불안, 걱정 등이다. 그와 반대로 신뢰와 신념, 낙관, 위기감, 현실적인 자부심, 열정, 희망, 열의 등은 변화를 촉진하는 긍정적인 감정들이다.

감정의 변화가 행동의 변화를 이끈다

전환을 성공적으로 이끄는 리더는 전환 프로세스에서 발생하는 문제와 그 문제에 대한 해결안을 발견한다. 문제와 해결안을 가능한 한 구체적으로 직원들에게 설명한다. 이때 직원들이 보거나 듣거나 만질 수 있도록 매개체를 동원한다. 또한 전환의 리더는 모두가 동감할 수 있고 수긍할 수 있는 방식으로 자신의 주장을 펼친다. 전환의 리더는 여러 가지 창의적이고 생생한 발표와 이벤트를 통해 직원들에게 진실을 알려준다. 화가 났거나 기쁨에 찬 고객의 모습이 담긴 동영상을 보여주어 직원들에게 동기부여를 하기도 한다.

전환의 리더는 직원들이 행동하길 바라는 바가 있으면 자신이 먼저 모범을 보인다. 소대장이 전쟁터에서 총부리를 겨눴던 적들 앞에 나서는 위험을 무릅써야 부대원들이 따라 나오고 전투에서 승리할 수 있다. 전환의 리더는 몸소 새로운 구조로 완전히 다른 업무 환경을 조성하거나 보고서를 훨씬 짧게 줄이는 방안을 채택하기도 한다. 그러나 무슨 방법을 동원하든지 간에 그들의 목적은 하나같이 사람들의 의식적이고 분석적인 측면을 넘어서서 감정까지도 영향을 미치고자 하는 것이다. 감정의 변화가 행동의 변화를 이끌고 행동의 변화를 통해 어려움을 극복하고 전환의 8단계를 헤쳐나갈 수 있다. 처음에는 전환의 필요성에 대해 이의를 제기하던 냉소적인 사람들도 기꺼이 더 나은 미래를 향해 나아가게 된다.

이러한 패턴은 일부분 두뇌 구조와 관련이 있다. 뇌에서 복잡한 분석을 다루는 부위는 진화 과정에서 비교적 후반부에 발달했다. 뇌에서 더 큰 비율을 차지하는 오래된 부위는 감각의 정보를 곧바로 감정으로 바꾼다. 이 감정이 행동을 일으키는 것이다. 이 패턴

본다 느낀다 변화한다 원리

본다
디지털 트랜스포메이션의 각 단계에서 문제를 확인하거나 문제에 대한 해결책을 밝혀낸 다음에는 사람들이 이러한 전환을 일으키는 방향으로 행동하도록 돕는다. 가능하면 구체적으로 전환의 방향을 보여주는 것이 좋다. 만지거나 느낄 수 있거나 볼 수 있는 방식으로 전환의 방향을 보여주는 것이다.
느낀다
이러한 극적이고 생생한 시각화를 통해서 사람들의 주의를 끌고 전환을 방해하는 부정적인 감정들을 희석시킬 수 있다. 이를테면 분노, 현실에의 안주, 그릇된 자부심, 비관주의, 혼돈, 공포, 냉소주의와 같은 감정들이다. 시각적으로 인지함으로써 전환을 촉진하는 감정들이 생겨난다. 타당한 전환에 대한 감정, 신념, 신뢰, 자부심, 위기감, 희망 그리고 이러한 감정들로 변화될 수 있는 긍정적인 두려움들이 생겨난다.
변화한다
보고 느낀 것에 담긴 에너지가 행동을 바꾼다. 새로운 실천을 통해 팀과 조직은 전환의 8단계를 효과적으로 헤쳐나감으로써 번영하는 미래로 지속적으로 나아갈 수 있다.

은 또한 격변의 시기에 일어나는 대규모의 변화와 관계가 있다. 그러므로 이러한 불안정한 시대에 알려진 변수를 이용한 분석으로 무언가를 변화시켜 보려는 노력은 가치가 떨어질 수밖에 없다. '본다-느낀다-변화한다'는 방식을 우리는 본능적으로 따르고 있는 것이다.

소수의 리더보다 다수의 리더가 필요하다

이 책에서 소개한 디지털 전환 전략은 오늘날과 같은 급변하는 환경 속에서 점점 더 중요해진다. 여러분은 전환을 추진하는 리더가 되어야 한다. 그리고 많은 사람이 더 급격한 변화가 왜 필요하고 그 변화를 성공적으로 이룩할 방안이 무엇인지 이해해야 한다. 그렇지 않으면 재빨리 위기감을 조성하지 못하거나 조직에 적합한 전환추진팀을 구성하지 못한다. 또는 전환의 비전을 조직 전반에 신속하게 전파하지 못할 것이다. 전환 속도가 더욱 가속화되면 과정을 모두 이해한 해박한 사람들도 더 많이 필요하다.

CEO, 각 사업부 최고책임자, 그밖의 핵심 인물들의 역할은 여전히 중요하다. 그들을 배제하고서는 결코 디지털 트랜스포메이션은 성공하지 못한다. 그들이 위기감을 조성하는 1단계 이외의 다른 단계들에 참여하지 않는다면 그 변화의 시도는 좌절할 수밖에 없다. 오래되고 성숙한 기업도 이 책의 개념을 구성원 중 단 1퍼센트만이라도 이해한다면 훨씬 빠르게 발전할 수 있을 것이다. 100명 정도의 직원을 거느린 기업이라면 CEO 혼자서 이해하는 것만으로도 충분하다.

하지만 직원이 1만 명이나 되는 거대한 기업은 인력의 1퍼센트라 해도 100명이나 된다. 작은 회사에서 CEO 한 사람이 전환 프로세스를 이해하고 있을 확률은 큰 회사에서 100명의 관리자가 전환 프로세스에 대해 제대로 인식하고 있을 확률보다 훨씬 크다.

따라서 작은 회사일수록 더 빠르고 기민하게 움직인다.

현재와 같은 격변하는 세상에서는 끊임없이 변화를 요구한다. 조직 전반에 항상 높은 수준의 위기감을 조성해야 하고 현실에의 안주, 두려움, 근심을 줄여야 한다고 상상해보자. 전환추진팀이 기업 전반에서 항상 변화를 이끌어야 한다고 상상해보자. 모든 변화에 대한 비전과 전략을 세우고, 모든 이에게 엄청난 양의 정보를 전달하고, 변화를 가로막는 수많은 장애물을 헤쳐나가는 데 얼마나 큰 노력이 드는지 생각해보자. 이러한 현실에서 얼마나 많은 사람이 변화를 충분히 이해해야만 새로운 제품군을 출시하고, 고객에게 새로운 경험을 제공하고, 조직을 재설계하는 등의 디지털 트랜스포메이션을 수행할 수 있을까?

'분석한다-사고한다-행동한다'의 유형을 뛰어넘는 역량을 얼마나 많은 사람이 보유해야 할까? 아주 많은 인원이 필요할 것이란 점은 확실하다. 대부분의 조직이 필요한 인원의 절반밖에는 보유하지 못하고 있다. 많은 기업이 극소수의 인원만을 보유하는 데 머물고 있다. 대규모의 변화에 성공하기 위해서는 소수의 정말 위대한 변화의 리더가 중요하지만 많은 평범한 리더들도 반드시 확보해야 한다. 급격한 경쟁 환경의 불확실성에서 생존하고 지속적으로 성장을 하기 위해서는 소수의 리더보다는 다수의 리더가 필요하기 때문이다.

3부

디지털 트랜스포메이션의 단기 성과 내기

DX
MANAGEMENT

위기감 조성과 단기 성과 내기가 디지털 트랜스포메이션의 성공에서 제일 중요한 단계이다. 위기감 조성은 디지털 트랜스포메이션의 시작 자체를 더디게 할 수 있기 때문이다. 시작에서부터 삐걱거리는 프로젝트들의 결과는 불을 보듯 뻔한 것이다. 그다음으로 장기간에 걸치고 전사적인 디지털 트랜스포메이션에서는 6단계의 단기 성과 내기가 전환의 노력을 지속시키는 활력제가 될 수 있다. 특별한 성과가 없는 장기간의 전환 노력은 점차 힘이 빠지고 허탈감에 빠지게 마련이다. 이러한 쇠약해진 전환의 힘과 허탈감 등을 없애고 다시 힘을 내서 디지털 트랜스포메이션을 완수하는 것은 눈에 띄는 단기 성과를 내는 것이다.

3부에서는 디지털 트랜스포메이션 적용 영역별로 단기 성과 내기를 위한 모델이나 도구들을 소개하고자 한다. 디지털 트랜스포메이션의 5개 영역인 제품과 서비스, 비즈니스 모델, 고객 경험, 운영 프로세스, 조직구조의 전환을 위해 개별적으로 또는 상호보완적으로 사용될 수 있는 모델이나 도구들을 살펴보고자 한다. 우선 단기 성과를 내기 위해서 어디서부터 디지털 트랜스포메이션을 시작해야 하는지를 정하는 것이 매우 중요하다.

그렇지만 디지털 트랜스포메이션의 경험이 없는 상황에서 과연 어디에서 디지털 트랜스포메이션을 시작해야 하는지를 결정하는 것은 쉬운 것은 아니다. 2장에서 설명한 디지털 트랜스포메이션의 적용 영역이 어디서 디지털 트랜스포메이션을 시작해야 하는지에 대한 아이디어를 제공해 줄 수 있다. 디지털 트랜스포메이션을 시작할 영역을 정한 다음에는 3부에서 소개하는 도구나 방법론을 단기 성과를 내기 위해 적용해 본다. 이는 영역별로 기존에 지속적으로 성공을 영유해 왔던 기업들이 적용했던 방법과 도구들을 디지털 트랜스포메이션에도 적용할 수 있을 것이라는 믿음에 기반한 것이다. 8장에서는 제품과 서비스의 전환, 운영 프로세스의 전환, 고객 경험의 전환에서의 단기 성과를 내기 위한 도구와 방법론들을 소개한다. 9장에서는 비즈니스 모델의 전환을 위한 도구와 방법론들을 다룬다. 마지막으로 10장에서는 조직구조의 전환 방법론들에 관해 설명한다.

8장

제품, 서비스, 운영 프로세스, 고객 경험을 전환하기

DX MANAGEMENT

1.

어떻게 제품과 서비스를 전환하는가

디지털 기술을 활용하여 기존의 제품과 서비스를 변경하거나 완전히 새로운 제품이나 서비스를 창출하는 제품과 서비스의 디지털 트랜스포메이션을 시작하는 곳을 찾고 단기 성과를 내기 위해 사용해 볼 수 있는 모델과 방법론으로는 5포스 모델5 Force Model, 4분면 분석법, 그리고 디링킹De-Linking과 리링킹Re-Linking 접근법 등이 있다.

5포스 모델

기업이 경영 혁신 전략을 취할 때 사용했던 전통적인 도구들로

5포스 모델

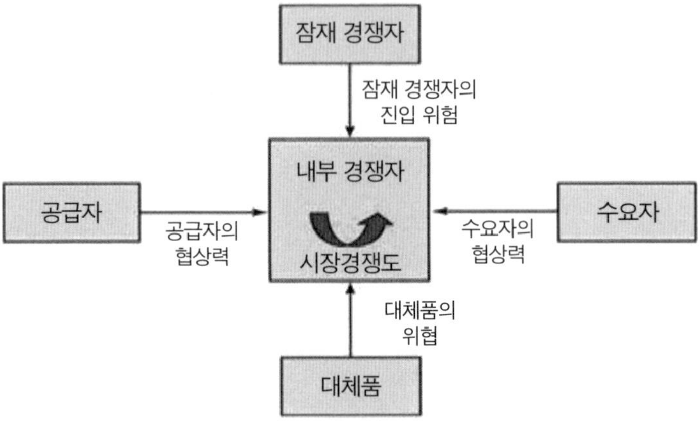

(출처: 마이클 포터, 『마이클 포터의 경쟁 전략』, 2008, 21세기북스)

는 5포스 모델과 가치사슬 모델Value Chain Model이 있다. 이 두 모델은 경영 전략에서 가장 기본적이며 자주 적용되어 온 것들이다. 최근에 등장하는 대부분의 전략 모델들은 이 두 모델의 변형이나 개선된 모델들이라고 볼 수 있다.

5포스 모델은 기업이 새로운 제품이나 서비스를 창출할 때 기존 시장이나 새로운 시장의 경쟁상황에 영향을 미치는 5가지의 포스(힘)를 분석하여 시장 내 포지셔닝을 잡는 데 사용된다. 이 모델은 또한 시장 매력도와 기업이 갖는 기회와 위협을 파악하는 경우에도 유용한 전략 모델이다. 5가지 힘이란 시장 내 경쟁자의 경쟁우위, 대체재의 위협, 잠재적 진입자의 위협, 공급자의 협상력, 구매자의 협상력 등을 말하는 것이다.

이러한 5가지 힘의 강점과 약점을 분석해 경쟁우위가 있는 제품

경쟁 우위와 전략 유형

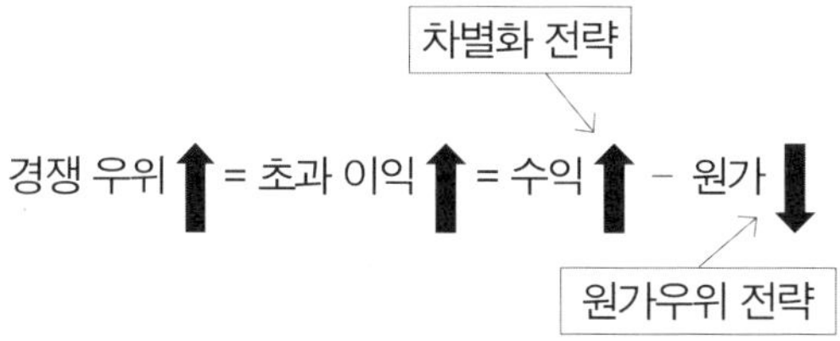

이나 서비스를 제공할 수 있다는 것이 5포스 모델의 주안점이다. 먼저 경쟁우위competitive advantage란 무엇인지 살펴보고자 한다. 경쟁우위란 단어가 많이 사용되고 있고 경쟁우위에 대한 상세하고 장황한 설명도 많다. 하지만 간단히 정의한다면 경쟁우위는 다른 기업의 이익 또는 산업 평균 이익보다 더 많이 얻은 이익, 즉 초과 이익과 직결되는 것이다. 이익은 수익에서 원가를 차감한 것이고 초과 이익이란 비교 대상을 특정 경쟁기업의 이익보다 높은 이익으로 정의를 내릴 수도 있고 소속 산업의 평균 이익을 상회하는 것으로도 볼 수 있다.

따라서 경쟁우위를 높인다는 것은 결국 초과 이익을 높이는 것이고 수익을 높이거나 원가를 낮추어 실현할 수 있는 것이다. 수익을 높이기 위해서는 기존 제품이나 서비스의 품질이나 디자인을 향상시키거나 신제품이나 새로운 서비스를 개발하는 것이 필요하다. 이렇게 경쟁기업과 비교해 차별화된 제품이나 서비스의 제공으로 수익을 높여서 초과 이익, 즉 경쟁우위를 높이기 위한 전략을 차별화differentiation 전략이라고 하는 것이다. 한편 초과 이익은 원가를 낮추어서도 실현할 수 있다. 예를 들어 생산공정의 효율화로 원가 절감을 통해서 초과 이익을 높일 수 있는 것이다. 이런 경우의 전략을 원가 선도cost leadership 전략이라고 하는 것이다.

5포스 모델을 적용해 디지털 트랜스포메이션의 단기 성과를 어디서부터 시작하고 어떻게 단기 성과를 내는지를 결정할 수 있다. 먼저 시장 참여자인 고객, 공급자, 대체자, 현재의 경쟁자, 잠재 경쟁자들의 각각의 포스를 분석해 어느 곳에 강점과 약점이 있는지를 분석한다. 상대방의 강점은 우리에게는 위협으로 작동할 것이고 상대방의 약점은 우리에게 기회를 제공할 수 있다. 즉 5포스 모델로 기업이 직면한 기회와 위협을 파악할 수 있기에 기회를 잡기 위해 또는 위협을 줄이기 위해 디지털 기술을 어디에 적용할지를 정할 수 있다. 또한 5포스 모델을 기반으로 파악된 차별화 전략이나 원가선도 전략에서 디지털 기술을 활용하는 것도 디지털 트랜스포메이션의 하나로 성과를 확보하기 위해 매우 유용한 방안이다.

예를 들어 증권회사에서 재무분석가가 했던 투자종목 추천을 인공지능을 활용한 시스템을 구축해 온라인으로 더 많은 고객이 추천 항목을 받아보게 할 수 있다. 이것은 차별화 전략에 디지털 기술을 활용한 예로 상대적으로 단기간에 디지털 트랜스포메이션의 성과를 내기 위한 사례이다. 또한 3D 프린팅 기법으로 원가 절감과 개인화된 제품 생산으로 인한 차별화를 동시에 이룰 수 있는 것 또한 대표적인 디지털 트랜스포메이션의 사례로 회자되고 있다.

4분면 분석법

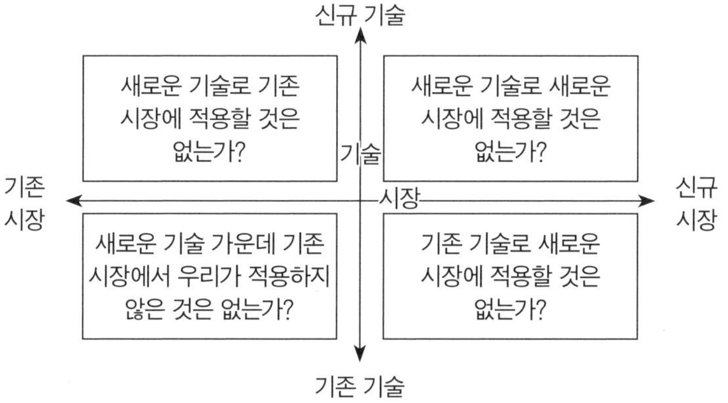

4분면 분석법

후지필름의 고모라 사장이 사용했던 4분면 분석법을 새로운 제품이나 서비스의 디지털 트랜스포메이션에 적용할 수 있다.[1] 4분면의 X축은 기존 시장과 신규 시장으로 나누고 Y축은 기존 기술과 신규 기술로 나누어 구성한다. 위의 그림의 각 4분면에 해당하는 질문을 던지고 영역별로 어떤 제품이나 서비스를 새롭게 만들어낼 수 있을지를 분석하고 연구할 수 있다.

이 4분면법은 후지필름이 아날로그 필름이 디지털카메라로 인해서 타격을 심하게 입고 있을 시기에 미래 제품들을 도출하기 위해 사용된 도구이다. 후지필름은 4분면 분석을 통해 그동안 충분히 활용되지 않았던 숨겨진 기술과 자산들을 찾아낼 수 있었고 어떻게 시장에 대응해 나갈 것인지와 부족한 것은 무엇인지를 명확

후지필름 4분면 분석을 통한 신제품들

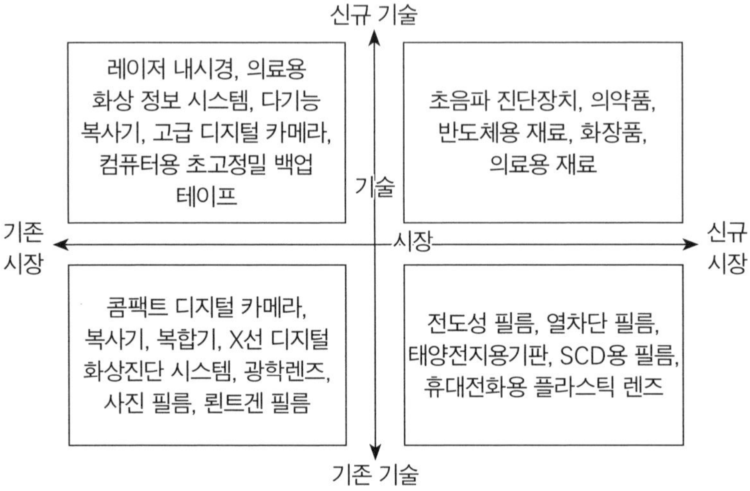

히 알 수 있었다. 이 결과 각 4분면에서 주력할 제품군을 위의 그림과 같이 선정했다. 선정한 제품이나 서비스 개발을 위해 부족한 기술은 적합한 기술력을 가진 회사를 인수합병하거나 기술력을 보유한 회사들과의 협력을 강화하는 방식으로 해결해 나갔다.

디지털카메라가 급격히 보급되고 필름 시장이 사라졌을 때 후지필름은 4분면법을 사용해 코닥과는 달리 변화를 빠르게 인지하고 필름 산업에서 축적했던 기술들을 다른 산업에 적용했다. 그럼으로써 새로운 시장을 개척하고 필름 산업의 위기를 극복하여 새로운 도약에 성공할 수 있었다. 예를 들어 후지필름은 디지털카메라 관련 기술을 적용해 의료 분야에서 엑스레이를 디지털화했다. 이 후지필름의 디지털 엑스레이 기술은 업계 최초이며 이후 표준이 됐다. 디지털 엑스레이를 포함한 디지털 의료 장비, 액정 관련 광학 재료, 화장품, 의약 분야에 이르기까지 디지털카메라 외에도 일반인들이 상상하지 못하는 다양한 산업에 진출해 왔다.

이 4분면 분석법은 회사의 주요 제품 또는 서비스와 관련된 기술들을 분류하는 데 매우 유용한 도구이다. 이러한 제품 기술들의 분류를 기반으로 디지털 기술을 접목하여 새로운 제품이나 서비스를 개발하고 제공하는 디지털 트랜스포메이션의 시작점을 찾을 수 있을 것이다.

디링킹과 리링킹 접근법

기업들은 현재의 고객들을 위한 새로운 제품이나 서비스를 제공하는 데는 종종 성공적이다. 반면에 기업들이 자신들의 기술을 활용하여 새로운 시장에 진입할 때는 큰 어려움을 겪는다. 소수의 기업만이 자신의 핵심 기술을 다른 시장에 적용할 기회를 체계적으로 찾고 있다. 후지필름의 4분면 분석법과 동일한 맥락을 갖는 또 다른 방법으로 자신의 핵심 기술을 다른 시장에 적용하여 시장을 넓히는 디지털 트랜스포메이션을 추진할 경우에 디링킹de-linking과 리링킹re-linking 접근법이 유용하게 사용될 수 있다.[2]

디링킹과 리링킹 접근법은 4단계로 구성되어 있다. 1단계 핵심 기술의 특성화, 2단계 기술의 잠재적 활용방안 파악, 3단계 활용방

디링킹과 리링킹 방법론

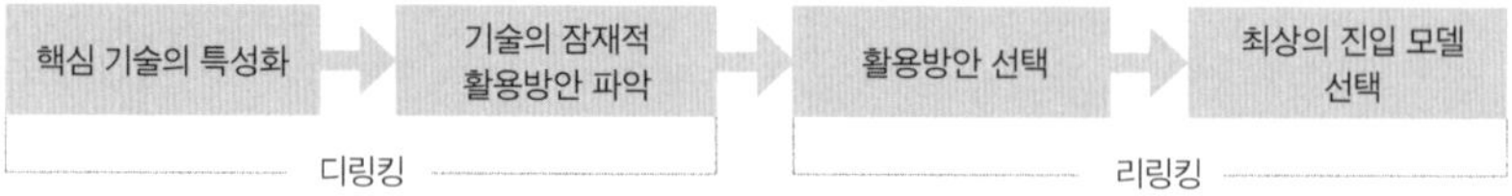

안 선택, 4단계 최상의 진입 모델 선택이 핵심 기술을 새로운 시장에 적용하기 위한 단계이다. 이 4단계의 첫 두 단계는 핵심기술을 기존의 제품이나 서비스로부터 분리해 특징을 파악하여 잠재적 활용 방안을 파악하는 디링킹 과정이다. 나머지 두 단계는 핵심기술의 잠재적 활용 방안에서 최적의 활용방안을 선택하고 새로운 제품에 핵심기술을 다시 연계하여 신규 시장에 진입하기 위한 리링킹 과정이다.

1단계: 핵심 기술의 특성화

기술 활용을 위한 첫 번째 단계는 기존 기술의 핵심 역량을 파악하는 것이다. 이를 통해서 해당 기술과 현재 사용되는 특정 제품들의 연결을 해체de-linking할 수 있다. 연결 해체를 하기 위해서는 해당 기술이 수행할 수 있는 기능들을 파악할 필요가 있다. 해당 기술의 기본 기능들을 파악하는 것, 즉 기술의 특성화는 해당 기술을 적용할 수 있는 새로운 응용을 상상해 볼 기회를 제공한다. 기존 기술의 확실한 특성화는 해당 기술이 적용될 수 있는 잠재적인 기회의 폭을 넓힐 수 있을 뿐더러 해당 기술이 할 수 있는 것과 할 수 없는 것들을 명확하게 구분할 수 있도록 한다.

2단계: 기술의 잠재적 활용 방안 파악

기존 기술이 어떤 기술인지 연결 해체를 통해 파악한 이후에 기술이 적용될 수 있는 새로운 활용방안을 탐색할 수 있다. 새로운 활용방안을 찾는 방안에는 관련 문헌 조사, 특허 검색, 관련 박람회 참석, 전문가 활용, 오픈이노베이션의 활용 등 다섯 가지가 있다.

첫 번째는 해당 기술과 동일한 핵심 기능을 가진 기술의 활용 방법에 대해 기존 문헌 자료와 데이터베이스를 검색해본다. 두 번째는 특허를 검색해서 활용방안을 찾아볼 수 있다. 동일 산업의 특허에서는 유사한 의미를 가진 다양한 단어의 조합을 키워드로 검색한다. 타 산업에서는 동일한 의미의 다른 단어로 검색할 필요가 있다. 세 번째는 일반 박람회에 참석하여 기술의 잠재적 활용 방안을 확인한 이후에 해당 산업 전문박람회에서 잠재 고객들의 의견을 청취하고 네트워킹을 구축한다. 네 번째는 지식 기반이 다른 다양한 분야의 전문가와 접촉하여 기술의 잠재적 활용 방안에 대한 의견을 듣고, 그 가능성에 대한 전문가의 평가를 얻는 것이다. 마지막으로는 오픈 이노베이션을 활용해 기술의 잠재적 활용방안에 대한 콘테스트를 주최해서 외부의 전문가들과 잠재 고객들의 아이디어를 획득하는 방법을 생각해 볼 수 있다.

3단계: 활용방안 선택

잠재적 활용방안 중에서 선택한 방안에 기술이 부합하는지를 다시 확인할 필요가 있다. 시뮬레이션이나 프로토타입 개발로 신규 활용방안에 기술이 적합한지 리링킹re-linking을 확인한다. 많은 경우에 신규 활용방안에 기술을 적용하기 위해서는 조정 작업이 필요하다. 선택한 활용방안으로 진입할 시장 내의 기존 제품과의 비교우위가 있는지도 분석해야 한다. 기존 제품보다 더 나은 기능이나 새로운 기능을 제공하는지 또는 기존 제품과 동일한 기능을 더 저렴한 가격에 제공할 수 있는지에 대한 평가가 이루어져야 한다. 또한 신규 시장에서 우리 제품이 잠재적인 경제적 가치가 있는지도 평가 기준으로 삼아야 한다.

4단계: 최상의 진입 방법 선택

기존 기술을 활용해 신규 시장에 진입하는 방법으로는 자체 상품 제작이나 외부와의 협력 두 방법이 있다. 신규 시장에 신제품을 공급할 설비와 제작 노하우를 보유하고 있는지와 신규 시장 내에서의 유통 채널을 확보하고 고객 관계 개발을 위한 자원과 노하우를 보유하는지에 따라 자체 개발과 외부 협력 둘 중에서 선택할 수 있다. 기존 기술을 활용해 다른 시장에 진입한 대부분의 사례에서는 외부 협력을 통한 방법을 활용했다. 기술을 보유한 많은 회사가 진입 시장에서 영업하기 위한 역량과 자원을 보유하고 있는 경우가 많지 않기 때문이다. 외부 협력 방안으로는 진입 시장에 대한 노하우를 가진 회사를 인수하는 방안과 진입 시장 내의 기존 회사와 기술 라이선스 계약을 체결하는 방안이 있다.

2.

어떻게 운영 프로세스를 전환하는가

잘 관리되는 운영 프로세스는 기업의 지속성을 확보하기 위한 필수 요건이다. 클라우드, 사물인터넷, 머신러닝, 로봇 등의 디지털 기술은 모든 산업에서의 회사들이 운영 프로세스를 전환할 수 있게 한다. 백 오피스 운영의 디지털 트랜스포메이션은 고객 경험의 전환과 더 나아가서 비즈니스 모델 전환의 기초가 된다.

운영 프로세스의 디지털 트랜스포메이션은 전사적 자원관리ERP와 같은 전통적인 운영 프로세스의 자동화를 넘어서 머신러닝, 로보틱스, 증강현실 등을 활용하여 핵심 운영 프로세스를 디지털화한다. 또한 제품의 요구 사항 정의에서부터 유지 보수까지의 제품 관련 모든 활동을 클라우드, 사물인터넷, 3D프린팅, 또는 가상현실을 통해 디지털로 연결하여 고객의 니즈의 변화에 역동적으로 대용할 수 있게 된다. 그리고 빅데이터와 머신러닝과 같은 인공지능을 활용해 실시간으로 그리고 데이터 기반으로 운영에 관한 의사결정을 하는 것 등이 포함된다.

가치사슬 모델

가치사슬 모델Value Chain Model은 5포스 모델을 보완하는 역할을 한다. 5포스 모델은 시장에서의 경쟁 상황을 파악해 어떠한 차별화 전략과 원가선도 전략을 취해야 하는지에 관한 외부환경 분석에 초점을 맞춘 모델이다. 따라서 이 5포스 모델의 중대한 한계점 중의 하나는 경쟁우위를 얻기 위해서 기업 내부 운영 활동에서는 어떠한 변화를 취해야 하는지에 대해 명확하고 상세한 지침을 제공하지는 않는다는 것이다. 따라서 기업 내부에서 수행되는 활동activity들을 분석하여 각 활동이 기업의 최종 제품이나 서비스에 부가되는 가치value를 창출하는 데 어떤 역할을 하는지를 파악하기 위해 가치사슬Value Chain 모델이 제안된 것이다.

가치사슬 모델에서는 기업의 활동을 본원적 활동primary activities과 지원 활동support activities으로 구분한다. 제조 기업을 예로 들면 본원적 활동은 원자재 물류, 제조 생산, 제품 물류, 마케팅과 영업, 애프터 서비스 등으로 제조 기업에서 가치를 창출하기 위한 주요 활동들이다. 반면에 지원 활동들은 조달, 기술 개발, 인적자원 관

가치사슬 모델[3]

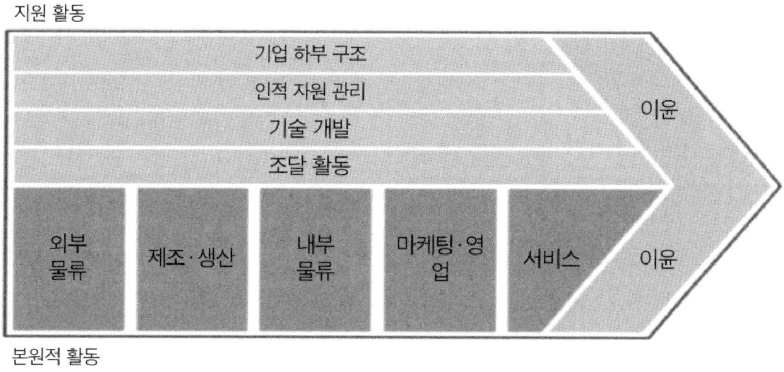

리, 기업 기반 구조 운영 등으로 주요 활동이 원활히 수행될 수 있도록 도와주는 활동들이다.

이 가치사슬 모델이 최초로 제안될 때는 기업 내부 활동을 분석하기 위한 목적으로 사용됐다. 이후 이 가치사슬 모델을 공급자 측면으로 확장extension한다거나 고객 측면으로 확장해서 사용해오고 있다. 공급자 측면으로 확장한 가치사슬 모델이 공급자 사슬Supply Chain 모델의 근간이 된 것이고 고객 측면으로 확장된 것이 고객가치 사슬Customer Value Chain 모델이다. 또한 가치사슬 모델은 동일 산업 내 협력사로도 확장할 수 있다. 그뿐만 아니라 가치사슬의 분화fragmentation, 축소contraction, 해체decoupling와 재결합recoupling 등 가치사슬 모델은 다양한 방향으로 활용되고 있다.

가치사슬의 분화란 가치사슬 활동의 일부를 아웃소싱 또는 오프쇼링offshoring하는 것을 의미한다. 가치사슬의 축소는 활동의 효율성을 높여서 가치사슬을 단축하는 것이다. 과거의 창고 관리를 로봇이나 자동창고관리로 전환해 생산 운영의 과정을 단축시키는 예가 여기에 해당된다. 가치사슬의 해체와 재결합은 가치사슬의 활동 사이에 존재하는 약한 연결고리를 끊어서 활동들을 해체한 이후에 연결고리를 강화시킨 보완된 활동으로 재결합시키는 것이다. 가치사슬상의 활동들이 직선적으로 연결된 전통적인 가치사슬 모델은 최근 들어 활동들이 상호 간에 여러 개의 연결을 가진 가치 네트워크 모델로도 진화되고 있다.

가치사슬 모델의 적용 방법

가치사슬 모델의 활용방안을 기반으로 디지털 트랜스포메이션을 시작할 곳을 찾아낼 수 있다. 우선 디지털 트랜스포메이션을 적용할 곳을 가치사슬을 구성하는 개별 활동에서 찾아보는 것이다. 각 활동의 강점과 약점을 파악해 디지털 기술을 적용하여 강점을 보강하고 약점을 보완할 수 있다면 디지털 트랜스포메이션의 대상이 될 수 있다. 두 번째 적용 가능한 대상은 가치사슬의 확장에서 찾아볼 수 있다. 공급 사슬이나 고객 가치사슬에서 디지털 기술로 성과를 낼 수 있는 곳을 파악한다. 예를 들어 공급 사슬상의 정보의 흐름이나 물류의 원활함을 위해서 이동 로봇이나 로봇 자동화 시스템RPA, Robotic Process Automation을 적용하는 것이 그 예가 될 수 있다.

세 번째는 가치사슬의 분화로 기존의 활동 중에 일부를 아웃소싱하는 것이다. 디지털 기술을 통해 아웃소싱 서비스를 제공하는 협력사와의 관계를 원활하게 연결하고 조정해나갈 수 있다. 이상의 가치사슬 모델을 통한 디지털 트랜스포메이션은 기업 운영의 디지털 트랜스포메이션에 해당하는 것이다. 네 번째는 가치사슬의 해체와 관련된 방법론으로 고객 가치사슬 모델을 활용하는 디커플링Decoupling[4] 기법이나 고객여정Customer Journey 모델, 고객자원 생명주기Customer Resource Life Cycle 모델 등이 사용되고 있다. 이것들은 고객 경험의 전환에서 소개하고자 한다.

3.

어떻게 고객 경험을 전환하는가

일반인들을 주 고객으로 비즈니스를 하는 B2C 기업들이 제일 관심을 가지는 디지털 트랜스포메이션의 영역은 고객 경험의 전환이라고 할 수 있다. 고객 경험은 가장 큰 차별화 요소가 됐고 고객은 더 이상 가격이나 제품 기능에 충성하지 않기 때문이다. 머신러닝 같은 인공지능 디지털 기술을 통해 고객에게 개인화된 맞춤 경험을 제공하고, 다양한 고객 채널 간에 일관성 있는 정보와 서비스를 제공하는 옴니채널을 운영하고, 고객 센터의 기능을 챗봇을 활용한 자동화 셀프 서비스로 제공하는 것 등이 고객 경험의 디지털 트랜스포메이션이라고 할 수 있다. 이러한 고객 경험의 전환에서 고객 정보의 프라이버시 보호와 보안이 반드시 보장되어야 하는 것도 명심해야 한다.

디지털 트랜스포메이션의 다른 영역들에 비해 고객 경험의 전환을 위해 적용할 수 있는 도구와 방법들이 매우 많다. 고객 경험의 전환을 위해 적용할 수 있는 수많은 모델 중에 디자인 싱킹Design Thinking, 고객여정지도Customer Journey Map, 고객자원생명주기Customer Resource Life Cycle 모델들을 대표적으로 살펴보고자 한다. 이들의 공통점은 기업의 입장이 아니라 고객의 입장에서 고객의 고통pain point을 파악하고 해소 방안을 모색해보자는 것임을 미리 밝혀둔다.

디자인 싱킹[5]

고객 경험의 디지털 트랜스포메이션의 핵심은 고객의 진짜 고통과 숨겨진 니즈를 찾아내고 해소해 주기 위해 디지털 기술을 활용해 새로운 고객 경험과 고객 만족을 제공하는 것이다. 따라서 고객 경험의 디지털 트랜스포메이션을 위해서는 과거에 없었거나 아직 발견되지 않은 고객의 숨은 니즈를 찾아내는 것이 반드시 선행되어야 한다. 이때 사용할 수 있는 접근법이 디자인 싱킹이다.

디자인 싱킹Design Thinking을 사용하여 에어비앤비나 우버 등에서 고객의 문제해결에 초점을 맞추어 성공한 사례들이 알려지면서 많은 기업에서 디자인 싱킹에 대한 관심이 높아지고 있다. 디자인 싱킹에 대한 정의는 다양하다. 네이버 지식백과의 정의를 소개하면 디자인 싱킹은 디자이너들이 무엇인가를 디자인하며 문제를 풀어가던 사고방식대로 사고하는 방법이다. 디자이너들은 기술적으로 구현할 수 있고 현실적으로 이윤도 남기는 동시에 고객을 만족시킬 방법을 창의적이고 혁신적으로 사고해낸다. 그러기 위해서는 고객과 깊이 공감할 수 있는 감수성과 비즈니스 사고가 모두 필요하다.

또한 디자인 싱킹은 인간 중심적인 접근 방법이란 특성이 있다. 사람에 대한 깊은 공감과 이해를 통해 겉으로 드러나는 요구뿐만 아니라 내면 깊숙이 숨겨진 요구와 니즈를 충족시킬 수 있는 해결 방안을 찾아내는 것이다. 그리고 가능한 다양한 경험과 서로 다른 의견을 가진 사람들이 함께 모여 극단적인 협업과 집단 지성을 이용해 파괴적인 아이디어를 만들어내는 작업이 요구된다. 이를 위해서 창의적이고 열린 공간의 활용과 게임 등을 통해 참여자들이 마음을 열고 창의성을 최대한 발휘할 수 있도록 분위기를 조성하는 것 역시 중요하다. 또한 디자인 싱킹은 마법처럼 한 번에 완벽한 완성품을 만드는 것이 아니라 반복적인iterative 프로토타이핑prototyping을 통해 아이디어를 계속해서 발전시키고 개선하는 과정을 반복하는 것이다.

디자인 싱킹 프로세스는 ① 공감하기Empathize, ② 문제 정의하기Define, ③ 아이디어 도출하기Ideate, ④ 프로토타입 만들기Prototype, ⑤ 테스트하기Test 등으로 구성되어 있다. 이 5단계가 하나의 사이클로 구성되어 있지만 각 단계 사이의 선후 관계가 따로 정해져 있

디자인 싱킹 단계

(출처: 스탠포드 디자인 스쿨)

지는 않다. 디자인 싱킹의 각 단계는 선형적으로 한 번에 완성되는 것이 아니라 순서에 상관없이 수차례 반복되면서 계속 다듬어지고 내용이 구체화되게 된다.

공감하기 단계

올바른 문제를 찾아내기 위해서는 공감과 문제 정의 단계에 충분한 시간과 노력을 기울여야 한다. 올바른 문제를 제대로 찾아내기 위해서는 공감 단계에서 서비스나 상품 사용자와 동일한 시각으로 문제를 바라보고 자세히 관찰하고 관찰한 것에 대해 질문하고 주의해서 경청함으로써 말이 필요 없을 정도의 유대감을 가질 수 있어야 한다. 이 단계에서는 문제의 해답이나 솔루션은 고민하지 말고 진짜 문제가 무엇인지 이해하고 공감하는 것에만 온전히 집중해야 한다.

공감을 위한 다양한 도구가 있다. 일반적으로 관찰, 인터뷰, 직간접 체험의 세 가지 방법이 많이 사용된다. 관찰을 통해 하루 일상에 관련된 많은 것을 보면서 사용자들의 표정, 행동, 말투 등을 자세히 관찰하고 어떤 순간에 힘들어하고 아파하고 불편해하는지에 대한 공감과 이해를 기반으로 문제를 찾아내야 한다. 인터뷰도 형식적인 질문이 아닌 솔직하고 진솔한 의견을 받아낼 수 있도록 질문 종류, 인터뷰 대상, 장소나 분위기를 고민해서 진행해야 한다.

직접 체험은 동일한 환경에서 직접 경험해볼 수 있다는 점에서 공감의 가장 좋은 방법이지만 직접 체험의 기회를 얻기 어려운 경우가 많기 때문에 비슷한 환경을 구성해 간접 경험으로 대신하는 것도 가능하다. 예를 들어 전 세계 메타(구, 페이스북) 사용자의 30% 이상이 2G 네트워크 환경의 저개발국가의 사용자이다. 따라서 메타는 매주 화요일 아침마다 1시간씩 본사 네트워크를 2G 환경으로 다운그레이드하여 2G 사용자들의 사용 경험에 공감하고 그들에 맞는 서비스를 제공하고자 한다.

문제 정의 단계

올바른 문제 정의는 디자인 싱킹 과정에서 가장 중요한 부분이다. 다른 방법론들과 비교할 때 디자인 싱킹이 문제해결보다는 올바른 문제를 찾아내는 과정에 더욱 오랜 시간을 할애하는 이유도 여기에 있다. 이 단계에서 나중에 설명할 고객여정지도와 같은 도구들을 사용할 수 있다. 일반적으로 올바른 문제를 찾아가는 방법은 세 가지 기준에 들어맞는지를 확인할 필요가 있다. 첫째는 진짜 문제여야 하고, 둘째는 가치 있는 문제여야 하고, 마지막으로 열정을 불러일으킬 수 있는 문제여야 한다. 다시 말해 고객과 사용자 입장에서 진짜 문제여야 한다. 그리고 이 문제가 해결될 때 최대한 많은 가치를 창출할 수 있고 해결하고자 하는 사람들에게는 열정과 영감을 줄 수 있는 문제여야 한다.

이 세 가지 중 진짜 문제를 찾아내는 것이 가장 어렵다. 그 이유는 진짜 문제의 발견은 서비스나 상품을 개발하는 개발자나 공급자의 관점이 아닌 실제 사용자나 고객의 관점에서 발견되어야 하기 때문이다. 진짜 문제를 찾아내는 가장 좋은 방법은 앞 단계의 공감하기를 통해서이다. 고객이나 사용자와 일체가 되어 겪은 불편함에는 어떤 것들이 있는지를 파악하는 것이 진짜 문제를 찾는 방법이다. 올바른 문제를 찾아내기 위한 다음 조건은 최대한 많은 가치를 제공할 수 있는 문제를 찾아내는 것이다. 모든 문제를 한 번에 해결할 수는 없기 때문에 좀 더 많은 가치를 창출할 수 있는 문제에 우선순위를 두고 진행해야 한다.

마지막 조건은 열정과 영감을 줄 수 있는 문제를 찾는 것이다. 문제해결을 위해 구성된 팀원들이 문제를 해결해가는 과정에서 명분, 의지, 영감을 가질 수 있는 문제를 찾아야 한다. 만약 팀원들이 문제해결을 위한 열정이나 사명감이 부족하다면 스스로에게 최선을 다했다는 자기 위안을 남기고 대충 마무리하려고 할 것이다. 이에 반해 힘든 순간에도 팀원 전체가 공감대를 가지고 문제해결을 통해 누군가에게 도움을 줄 수 있고 진정한 가치를 전달할 수 있다는 열정과 사명감으로 어려움을 극복해간다면 그 순간 예상하지 못했던 혁신적이고 성공적인 상품과 서비스가 만들어지게 된다.

아이디어 도출과 프로토타입 제작 단계

이전 단계를 통해 고객이나 고객 입장에서의 공감을 기반으로 올바른 문제를 찾아냈다면 그다음은 문제를 해결하기 위한 아이디어 도출 단계이다. 브레인스토밍, 브레인라이팅, 바디스토밍 등 아이디어 도출 단계에서 사용할 수 있는 방법과 도구들이 많다. 그러나 아이디어 도출 단계에서 가장 중요한 것은 짧은 시간에 최대한 많은 아이디어를 만들어내는 것이다. 이 단계에서는 질 높은 아이디어를 찾기보다는 많은 양의 아이디어를 나오게 해야 하고 정형화되고 당연한 아이디어보다는 무모하다 싶을 정도로 엉뚱하고 새로운 아이디어들이 많이 나오게 하는 것이 바람직하다. 이렇게 하기 위해서는 아이디어를 텍스트로 기술하기보다는 쉽게 이해할 수 있도록 간단한 그림으로 표현하는 것이 도움 된다.

이렇게 도출된 수많은 아이디어 중에서 핵심 아이디어를 정리하여 프로토타입을 만든다. 이 단계가 4번째 단계이다. 프로토타입은 다양한 형태로 표현될 수 있다. 종이에 그리는 스케치부터 레고, 박스, 폐지 등과 같이 주변에서 쉽게 구할 수 있는 값싼 재료들을 이용하는 간단한 3D 프로토타입, 아이디어의 핵심 내용을 그림으로 표현하는 스토리보드, 아이디어를 실제 상황처럼 시연해보는 롤 플레이, 3D 프린터를 사용한 완성품이나 시제품, 견본에 가까운 정도로 정교하고 높은 품질의 프로토타입도 있을 수 있다.

프로토타입 단계에서는 추상적인 아이디어를 시각화하고 구체화하는 것이 핵심이다. 도출된 아이디어를 프로토타입으로 구체화시키고 시각화하면 구성원 간의 소통이 훨씬 수월해지고 아이디어에 대한 서로 간의 의견 전달과 협업에도 상당한 도움이 된다. 이 단계에서는 빠르고 값싼 프로토타입을 만들어내는 것이 중요하다. 프로토타입은 최종 시제품이 아니다. 빠르게 만들어서 사용자의 피드백을 받기 위한 용도로 사용하고, 아이디어를 계속해서 개선하고 발전시켜 나갈 수 있는 중간 도구로 활용해야 한다.

테스트와 반복하기 단계

마지막 단계는 프로토타입을 사용자들을 대상으로 테스트하고 피드백을 받는 단계이다. 테스트 단계는 공감 단계 이후 다시 고객과 연결되는 시점으로 놓쳤던 새로운 것들을 찾아내고 배울 수 있는 중요한 단계이다. 테스트를 준비할 때 진솔한 피드백을 줄 수 있는 테스트 대상을 선정하는 것이 중요하다. 또한 미래 사용자가 프로토타입에 대한 선입견을 가지지 않도록 테스트 환경과 방법도 많이 고민해야 한다.

프로토타입의 목적, 용도, 취지, 특장점 등과 같은 구체적인 설명은 최소화하고 최대한 실제처럼 직접 경험해보도록 현실에 가까운 테스트 환경을 준비하는 것이 중요하다. 테스트를 통한 고객의 진솔한 피드백은 아이디어를 더욱 풍부하게 해 더 좋은 솔루션을 만들거나 프로토타입의 기능을 개선하거나 정의했던 문제가 올바른 문제인지 되짚어볼 수 있게 하는 중요한 수단이 된다.

공감 단계에서 테스트 단계까지 5단계는 순서에 상관없이 반복적으로 사이클을 돌면서 현 상황과 문제에 대해 지속적으로 학습하면서 아이디어를 발전시켜 나가는 과정이다. 테스트 이후 문제 정의를 새롭게 할 수도 있다. 또 문제 정의가 정확하다면 아이디어 도출이나 프로토타입 단계를 반복할 수도 있다. 이런 과정을 통해 궁극적으로 올바른 문제에 대한 올바른 해결책을 찾아낼 수 있다.

고객여정지도

고객경험관리CEM, Customer Experience Management의 도구로써 최근에 사용되기 시작한 고객여정지도Customer Journey Map가 고객 경험을 전환하기 위한 시작점을 찾는 데 큰 도움을 줄 수 있다. 고객여정지도는 기업이 고객의 입장이 되어서 고객이 기업과 갖는 모든 접점touch point을 아우르는 일련의 과정을 하나의 시나리오로 정의하고 시각화한 도구이다.

최근 필립 코틀러는 저서 『마켓 4.0』에서 고객 여정을 5A, 즉 인지Aware, 호감Appeal, 질문Ask, 행동Act, 옹호Advocate로 제안하고 있다. 최근의 네트워크 경제에서의 소비 환경을 반영하여 브랜드에 대한 일차적 호감이 주변의 커뮤니티의 영향으로 형성되고 이후 행동 직전까지 외부환경과 다른 사람들의 영향을 받는 것을 고려한 것이다.

인지 단계는 고객이 과거의 경험, 광고, 다른 사람의 추천으로 인해 처음 브랜드에 노출되는 단계를 말한다. 호감 단계는 인지 단계를 거친 고객 중 일부가 브랜드에 끌리기 시작하는 단계이다. 질문 단계는 친구, 가족, 인터넷 등 미디어를 통해 브랜드에 대한 정보를 탐색하는 단계이다. 행동 단계는 브랜드에 대한 정보 탐색을 통해 브랜드에 대한 확신하고 구매하는 단계이다. 마지막 옹호 단계는 유지, 재구매, 브랜드 옹호 등 고객이 브랜드에 대한 충성심을 가지는 단계이다.

이러한 5단계의 고객여정을 스토리텔링과 시각화 기법으로 표시해 ① 고객의 경험 이해 또는 새로운 고객 경험 제안, ② 여러 채널의 효율성 검토와 재배치, ③ 브랜드 경험의 경쟁사와의 비교, ④ 서비스 공급 전략 변경 등에 고객여정지도가 사용될 수 있다.[6]

고객여정지도의 작성[7]

고객여정지도를 작성하기 위해서는 7단계의 과정이 필요하다.

1단계 페르소나 정의. 고객여정지도를 통해서 어떤 정보를 파악하고 그것을 어떻게 사용하고자 하는지의 목표를 설정하는 것이 먼저 이루어져야 한다. 그런 다음 고객의 페르소나persona를 정의하는 것이 필요하다. 페르소나는 다양한 고객의 유형을 대표하는 가상의 캐릭터라고 볼 수 있다.

고객여정지도 작성 단계

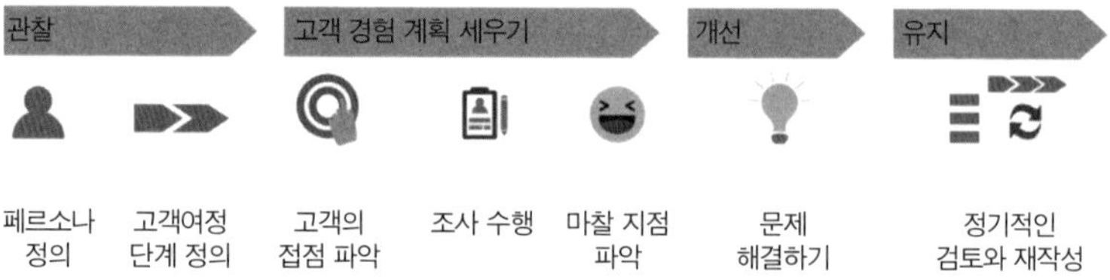

일반적으로 한 기업은 다양한 고객들이 존재한다. 따라서 대부분 고객의 특성들을 대표하는 페르소나에 반영할 것인지, 아니면 고객층마다 별도의 페르소나를 만들 것인지를 결정해야 한다. 단기적으로 바로 고객여정지도를 작성하기 위해서는 VIP 고객이나 타깃 고객만을 대상으로 페르소나를 개발할 것이 제안된다.[8]

2단계 고객여정단계 정의. 페르소나를 기반으로 시간적 순서에 따라 고객이 경험하는 여정의 단계를 정의한다. 코틀러가 제안한 인지Aware, 호감Appeal, 질문Ask, 행동Act, 옹호Advocate의 5A 단계로 정의 내릴 수도 있다.

3단계 고객의 접점 파악. 고객 여정의 5단계를 거쳐 고객이 기업과 접하게 되는 지점을 파악한다. 고객이 온라인에서 브랜드에 대한 평점과 리뷰를 찾아보는 것도 그리고 고객 서비스에 문의하는 것도 접점이라고 할 수 있다.

4단계 조사 수행. 고객을 대상으로 인터뷰, 설문, 또는 관련 자료들을 분석하여 다음과 같은 질문에 대한 답을 확인해야 한다.

- 고객의 목표는 무엇이며 무엇을 이루고 싶어하는가?

- 고객은 어떤 행동을 하는가?
- 고객은 각 접점에서 다음 과정이 어떻게 될 것이라고 기대하는가?
- 각 접점에서 감정적으로 어떻게 느꼈고 왜 그렇게 느꼈는지?
- 각 단계에서 개선사항은 무엇인지?

5단계 마찰 지점 파악. 고객과의 마찰이 발생하는 접점을 식별한다. 예를 들어 고객들이 왜 구매를 포기하는지와 고객이 제품 사용상의 어려움에 대한 해결책을 모르는지 등의 질문을 통해서 마찰 지점을 찾아낼 수 있다.

6단계 문제 해결하기. 파악한 마찰 지점을 개선하기 위한 개선책을 제안하고 실행한다.

7단계 정기적인 검토와 재작성. 정기적으로 고객여정지도를 재검토하고 필요에 따라 업데이트하며 관련 이해관계자와 공유한다. 또한 특정 고객에 대한 고객여정지도를 다른 고객층으로 확대 적용하는 것도 고려할 시점이다.

고객자원생명주기 모델[9]

고객자원생명주기Customer Resource Life Cycle 모델은 디지털 기술을 통해 전략적 성과를 얻기 위해서는 해당 디지털 기술의 사용으로 인한 결과를 고객 입장에서도 받아들이고 인정해야 진정한 전략적 성과를 거둘 것이라는 전제를 두고 있다. 고객 입장을 강조하고 있다는 면에서 디자인 싱킹이나 고객여정지도와도 일맥상통하는 점이 있다.

고객자원생명주기 모델에서는 고객 입장을 반영하기 위해서는 고객이 필요로 하는 자원(상품 또는 서비스)을 시간 흐름에 따라 어떤 단계를 거쳐서 구매하고 사용하고 처분하는지에 대한 구분을 제안한다. 이 모델에서는 고객이 크게는 4단계이며 세부적으로는 13단계를 거쳐서 상품이나 서비스를 찾고 구매하고 사용하며 폐기 처분하는 생명주기를 따른다고 보고 있다.

13단계의 고객자원생명주기 단계를 태블릿 구매의 예로 설명해 보자. 한 대학교 신입생이 첫 수업에 들어가 다른 학생들이 태블릿을 모두 사용하는 것을 보고 자기도 태블릿을 사야겠다고 생각하게 되는 것이 ① 요구사항 설정 단계이다. 태블릿 구매에 대한 필요성을 갖게 된 다음 구체적으로 어떤 스펙의 태블릿을 살 것인지 결정하는 것이 ② 요구사항 구체화 단계에서 이루어지는 것이다. 구매할 태블릿의 스펙이 결정된 다음에는 어디에서 구매할 것인지 찾아보고 구매처를 선택할 것이다. 이것이 ③ 소스 선택 단계이다. 구매처를 결정한 다음에는 주문하고, 대금을 지불한다. 이것이 ④ 주문 단계와 ⑤ 상품에 대한 승인과 지불 단계에 해당된다.

대금을 지불한 이후에 태블릿을 매장에서 바로 받거나 우편으로 받게 된다. 이것이 ⑥ 상품 획득 단계이다. 태블릿을 받은 직후에

고객자원생명주기 단계

고객자원생명주기 단계	설명
1단계: 요구사항	
① 요구사항 설정	상품 또는 서비스에 대한 니즈를 인식한다
② 요구사항 구체화	필요한 상품 또는 서비스의 스펙을 구체화한다.
2단계: 취득	
③ 소스 선택	상품이나 서비스를 구매할 곳을 결정한다.
④ 주문	상품이나 서비스를 주문한다.
⑤ 상품과 서비스에 대한 승인과 지불	상품이나 서비스에 대한 대금을 지불한다.
⑥ 상품 또는 서비스 획득	상품이나 서비스를 받는다.
⑦ 상품 또는 서비스 검사와 수락	취득한 상품이나 서비스가 원하던 것인지 검사하고 받아들인다.
3단계: 소유권	
⑧ 재고 통합과 관리	고객의 다른 상품이나 서비스 목록에 추가하고 관리한다.
⑨ 사용 및 모니터링	상품을 사용하면서 모니터링을 한다.
⑩ 업그레이드	필요에 따라 상품이나 서비스를 업그레이드 한다.
⑪ 유지 보수	상품에 하자가 발생하거나 서비스에 문제가 있을 경우 유지 보수를 받는다.
4단계: 단념	
⑫ 상품 또는 서비스의 양도 또는 폐기	상품 또는 서비스를 폐기하거나 다른 사람에게 양도한다.
⑬ 상품 또는 서비스의 구매에 대한 회계	상품이나 서비스에 대한 전반적인 평가를 한다.

포장박스를 개봉하여 태블릿 표면에 아무런 상처가 없는지 확인하고 전원을 켜서 잘 작동하는지 등을 확인하는 단계가 ⑦ 상품의 검사와 수락이다. 태블릿의 검사를 통해 구매를 수락할 것인지, 아니면 반품할 것인지를 결정하는 것도 포함된다. 태블릿을 구매 확정한 대학생에게는 태블릿이 그 학생의 스마트폰, 자전거 등과 함께 주요 재산의 목록에 포함되어 태블릿을 관리하게 된다. 이 단계가 ⑧ 재고 통합 및 관리 단계이다. 이후 태블릿을 사용하면서 태블릿 상태에 대해서 모니터링을 하는 단계가 ⑨ 사용과 모니터링 단계이다. 태블릿 사용 중에 필요에 따라 태블릿의 운영 프로그램을 업그레이드하게 된다. 이 단계가 ⑩ 업그레이드 단계이다. 또한 사용 중에 태블릿이 고장이 나는 경우에는 수리를 받게 된다. 이 단계가 ⑪ 유지 보수 단계이다.

이와 같이 태블릿을 대학 4년 동안 사용하다가 동생에게 해당 태블릿을 주거나 저렴한 가격으로 남에게 파는 단계가 ⑫ 상품의 양도 또는 폐기 단계이다. 사용하던 태블릿을 양도하거나 폐기한 다음에 해당 태블릿에 대한 전반적인 평가를 하게 되는데 이 단계가 마지막 ⑬ 상품 구매에 대한 회계 단계이다.

고객자원생명주기 모델은 13단계를 단계별로 철저히 분석해 고객에게 불만을 주거나 어려움을 주는 것이 무엇인지를 파악하고 디지털 기술을 활용해 제거하거나 완화해주면 고객들의 만족도는 향상되고 이를 통해 전략적 성과를 얻을 수 있다는 것이다. 따라서 이 모델을 통해서 디지털 기술을 적용해 디지털 트랜스포메이션을 시작할 곳을 파악할 수 있고 단기간 내에 소기의 성과를 낼 수도 있다.

이 모델도 디자인 싱킹이나 고객여정지도와 같이 고객 전체에 적용해볼 수도 있고 특정 고객 세그먼트에 적용할 수도 있다. 또한 다품종의 상품이나 서비스를 제공하는 기업의 경우에는 상품 또는 서비스별로 적용하는 것도 제안한다.

9장

비즈니스 모델을 전환하기

DX MANAGEMENT

1.

어떻게 비즈니스 모델을 전환하는가

비즈니스 모델business model이란 용어가 등장한 것은 디지털 혁신의 시작 시점과 맥을 같이하고 있다. 1990년대 초에 인터넷이 상업용으로 사용되기 시작하면서 수많은 신생 기업이 인터넷과 디지털 기술을 활용한 비즈니스를 하기 위해서 등장했다. 신생 기업들이 자신을 소개하거나 자금 지원을 받기 위해 누구를 고객으로 어떤 가치를 고객에게 제공하여 수익을 낼 수 있는지를 일목요연하게 정리할 필요가 대두됐다. 이것이 비즈니스 모델로 불린 것이다.

디지털 기술을 활용해 기존 비즈니스 모델을 개선하거나 신규 비즈니스 모델을 개발하는 것이 비즈니스 모델의 디지털 트랜스포메이션에 해당된다. 타이어 회사가 사물인터넷과 인공지능 디지털 기술을 활용해 타이어를 구독서비스로 판매하는 것이 기존 비즈니스 모델을 개선하는 디지털 트랜스포메이션이라고 볼 수 있다. 반면에 타이어 회사가 타이어 자체의 판매보다는 고객의 타이어 사용에 관한 정보를 사물인터넷을 통해 수집하고 분석해 타이어 관리 서비스를 제공하여 더 많은 수익을 내는 것이 새로운 비즈니스 모델을 개발하는 디지털 트랜스포메이션이다.

이 장에서는 디지털 기술을 활용해 기존의 비즈니스 모델을 개선하거나 새롭게 비즈니스 모델을 개발하기 위해 사용할 수 있는 도구나 방법론들을 소개하고자 한다. 비즈니스 모델의 전환은 앞에서 언급한 제품과 서비스의 전환과 맥을 같이하고 있다. 새로운 제품과 서비스의 개발이 새로운 비즈니스 모델의 핵심이 되는 경우가 많기 때문이다. 또한 제품과 서비스의 전환도 매우 어렵고 성공률이 낮은 영역이지만 새로운 비즈니스 모델의 개발은 더욱 어렵고 그 성공 사례도 매우 적다. 과거 10여 년간의 디지털 트랜스포메이션 사례들을 조사한 연구에 따르면 7%만이 디지털 기술을 활용하여 비즈니스 모델을 새롭게 전환시켰다는 통계가 있다.[1]

마법의 삼각형

마법의 삼각형Magic Triangle 모델만큼 비즈니스 모델에 대한 정의와 구성 요소를 제대로 요약한 것이 없다. 비즈니스 모델의 디지털 트랜스포메이션을 위한 기회를 포착하기 위한 모델로 마법의 삼각

마법의 삼각형

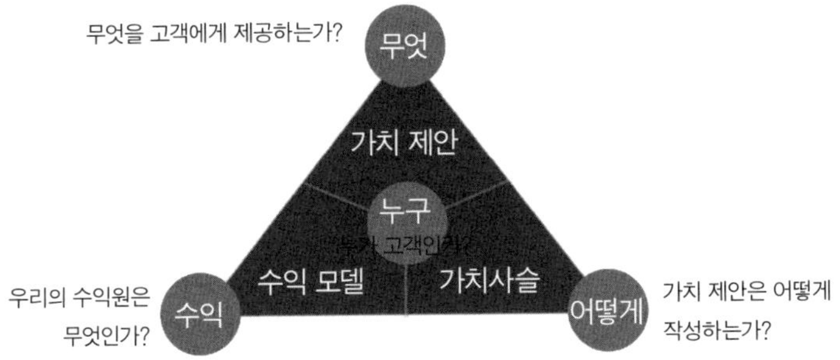

(출처: Gassmann, Frankenberger & Csik, 2014)

형을 소개한다. 마법의 삼각형은 삼각형의 주요 부분인 무게 중심과 3개의 꼭짓점인 4개의 요소로 비즈니스 모델을 설명하고 있다. 누구Who, 무엇What, 어떻게How, 수익Revenue이다. 마법의 삼각형을 보면 누구Who가 무게 중심에 있다는 점은 비즈니스 모델에서 고객이 가장 중요하고 중심이어야 한다는 의미를 강조하는 것이다.

마법의 삼각형을 통해 비즈니스 모델의 핵심들에 대한 기본적인 이해를 얻을 수 있고 이를 기반으로 대략적이지만 실현 가능한 비즈니스 모델을 개발할 수 있을 것이다. 현재의 비즈니스 모델에 무엇(What: 상품이나 서비스), 어떻게(How: 가치창출 방법), 왜(Why: 생성되는 가치), 누구(Who: 대상 고객)에 대한 다양한 차원의 변화를 예측하고 접목해 봄으로써 현재가 아닌 미래 가치를 창출할 수 있는 방법을 찾는 데도 도움을 준다.

디지털 기술을 활용하여 현재의 비즈니스 모델을 개선시키거나 새로운 비즈니스 모델을 개발하기 위해서 마법의 삼각형 모델을

마법의 삼각형 질문들

분류	예시 질문들
누구	누가 고객인가? 고객을 (어떻게) 세분화할 수 있는가? 고객의 인구통계·특성은 무엇인가?
무엇	무엇을 고객에게 제공하는가? 고객에게 제공되는 가치명제·부가가치는 무엇인가? 어떤 것(상품과 서비스의 번들)을 제공하는가?
어떻게	가치명제는 어떻게 구축되고 활성화되고 배포되는가? 제품을 제공하는 데 필요한 프로세스와 활동은 어떤 것들이 있는가? 어떤 자원이 필요한가? 어떤 생태계 이해관계자가 필요하며 어떻게 연결될 수 있는가?
수익	예측된 기회가 재정적으로 실행 가능한가? 원가 구조는 어떻게 되는가? 적용된 수익 메커니즘은 무엇인가? 가치명제를 어떻게 수익화할 수 있는가?

사용하는 방법은 우선 4개의 구성 요소별로 적절한 질문을 하는 것으로부터 시작하는 것이다. 위의 표에는 삼각형 세 개의 꼭짓점과 무게 중심에 해당되는 질문들의 예시가 있다. 이 질문들에 대한 답을 찾는 과정에서 현재의 비즈니스 모델을 개선하거나 아예 새로운 비즈니스 모델을 개발하기 위한 아이디어가 생성될 수 있다. 이 질문들에 대한 창의적인 답을 찾기 위해 브레인스토밍과 55+7 비즈니스 모델 패턴들도 함께 사용할 수 있다.

비즈니스 모델 캔버스

비즈니스 모델 개발 모델로 가장 유명한 것이 비즈니스 모델 캔버스Business Model Canvas다. 이 비즈니스 모델 캔버스는 마법의 삼각형 모델의 4가지 구성 요소보다는 더 세분된 구성 요소를 제안하고 있다. 비즈니스 모델 캔버스는 핵심 파트너, 핵심 활동, 핵심 자원, 가치 제안, 고객 관계, 채널, 고객 세그먼트, 원가 구조, 수익 흐름 등 총 9개의 구성 요소를 한 개의 캔버스에 모두 모아놓아서 한 페이지에 비즈니스 모델을 기술할 수 있는 유명한 탬플릿이다.[2] 이 캔버스 모델은 마법의 삼각형과 함께 상호보완적으로 사용하여 비즈니스 모델을 개발할 수 있다.

비즈니스 모델 캔버스

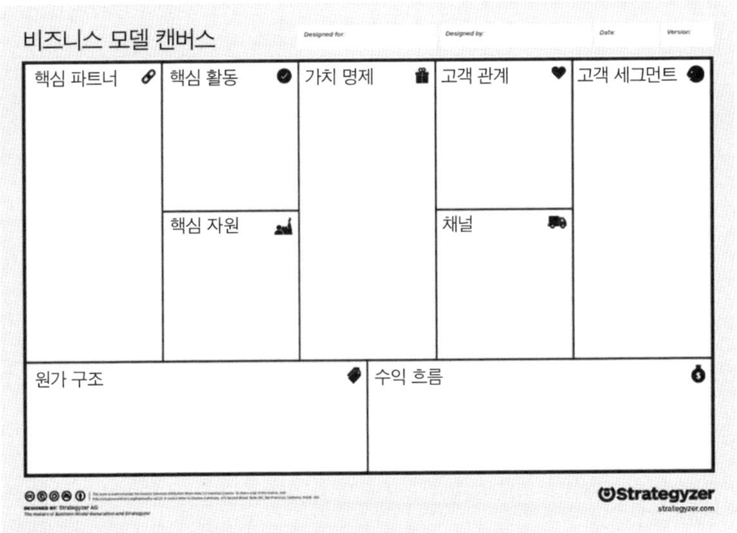

(출처: 스트래티저)

비즈니스 모델 캔버스는 중앙의 가치 제안을 기준으로 좌우 두 부분으로 나누어진다. 오른쪽 부분은 가치가 어떻게 고객에게 전달돼 어떻게 수익을 창출하는지의 흐름을 보여주고 있다. 주로 시장에서 고객에게 보여주는 부분이다. 반면에 왼쪽 부분은 어떤 자원과 활동을 통하여 가치가 만들어지는지를 보여주는 부분이다. 이는 협력사나 공급사에서 필요한 자원과 활동을 조달받아 기업 내에서 제품을 제조하거나 서비스를 개발하는 과정에 해당된다.

비즈니스 모델 캔버스를 활용한 디지털 트랜스포메이션의 기회를 발견하는 한 가지 방법은 비즈니스 모델 캔버스 상에 9개의 구성 요소를 모두 파악한 다음에 각 구성 요소 간의 접점을 원활히 연결시키기 위해 어떤 디지털 기술이 활용될 수 있는지를 고민해 보는 것이 될 수 있다.

55+7 비즈니스 모델 패턴

비즈니스 모델을 체계적으로 발전시키고 혁신할 방법으로 이미 성공하고 검증된 비즈니스 패턴들을 이해하고 활용하는 것이 아주 효과적일 수 있다. 기존의 성공한 비즈니스 패턴들을 조합하거나 창조적인 모방으로 새로운 비즈니스 모델을 만들어낼 수 있다. 가스만, 프랑켄버거, 식(2014)은 400개 이상의 성공한 기업들을 분석하여 성공한 비즈니스 모델의 90% 이상을 설명할 수 있는 55가지

비즈니스 모델 패턴

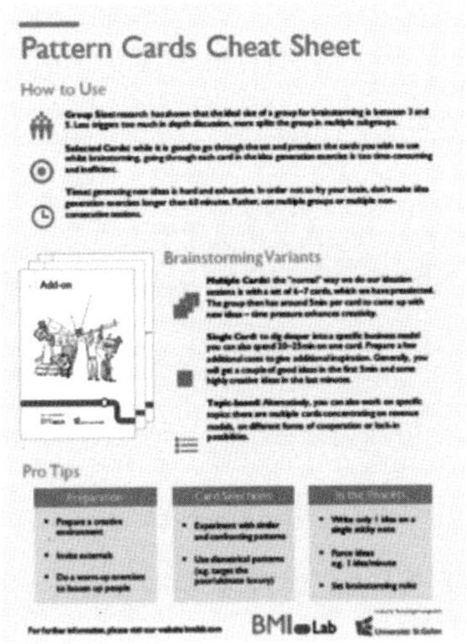

(출처: BMI Lab)

의 성공 패턴을 제시하고 있다. 이후 보쉬의 사물인터넷 연구소에서는 추가로 7개의 패턴을 발표했다.

55+7개의 비즈니스 패턴Business Pattern 각각이 제공하는 어떤 비즈니스 모델인지, 어떤 가치를 제공하는지, 누구를 주 고객으로 삼는지, 그리고 대표적인 성공 기업 사례는 어디인지에 대한 정보는 비즈니스 모델의 디지털 트랜스포메이션을 위해 아주 유용하다. 대표적인 비즈니스 패턴 중 몇 가지를 소개한다. 먼저 면도기와 면도날 비즈니스 패턴은 기본 제품은 아주 저렴하거나 무료로 제공하고 그것을 사용하거나 조작하는 데 필요한 소모품을 비싸고 높은 마진으로 판매하는 방식이다. 애플의 아이팟과 아이튠즈 모델이나 네슬레 베이비네스 모델이 이에 해당된다. 프리미엄 비즈니스 패턴

은 고객 서비스나 상품의 기본 사양은 무료로 제공하고 추후 고객에게 프리미엄 서비스나 상품에 대한 비용을 지불하도록 유도하는 비즈니스 방식이다. 드롭박스, 링크드인, 뉴욕타임스 등이 대표적인 성공 기업들이다.

다음으로 소개할 패턴은 P2P로 알려진 비즈니스 모델로 동일한 관심사나 니즈를 가지는 사람들의 개인 간 거래를 중재해 줌으로써 중개 수수료를 주 수익으로 하는 비즈니스 모델이다. 또한 구독 패턴은 고객이 제품이나 서비스에 대한 소유권이 아닌 사용권을 얻기 위해 월간 또는 연간 기준으로 구독료 형식의 정기요금을 지불하고 서비스를 사용하는 비즈니스 모델이다. 클라우드 컴퓨팅 기반의 인프라, 플랫폼, 소프트웨어 서비스가 대표적인 구독 비즈니스 모델이다.

이런 비즈니스 패턴들을 현재 비즈니스 모델에 연결해 봄으로써 놓치고 있든, 아니면 아예 생각하지 못했든 더 나은 미래의 비즈니스 모델을 발견해낼 수 있다. 이를 위해서 55+7개의 패턴을 쉽게 활용할 수 있도록 만들어진 비즈니스 패턴 카드가 큰 도움이 될 수 있다. BMILap이나 SAP에서 제공한 비즈니스 패턴 카드는 비즈니스 모델의 간단한 설명과 함께 일러스트레이션과 패턴으로 성공한 회사와 이해하기 쉬운 예제들을 포함하고 있다. 비즈니스 모델의 디지털 트랜스포메이션을 위한 워크숍에서나 브레인스토밍에서 패턴 카드를 사용하여 훨씬 효과적이고 창의적인 새로운 비즈니스 모델을 찾아낼 수 있다.

비즈니스 모델 개발 프레임워크

마법의 삼각형과 비즈니스 패턴 모델은 비즈니스 모델을 어떤 단계로 개발할 것인지에 대해서는 상세하게 제시하지 못하고 있다. 이에 반해 비즈니스 모델 개발 프레임워크Business Model Building Framework는 비즈니스 모델의 개발 과정을 제시하고 있다. 비즈니스 모델 개발 프레임워크에서는 아이디어 생성ideation, 준비preparation, 평가evaluation 세 단계의 개발 과정을 제안한다. 이 세 단계를 수없이 반복하면서 새로운 비즈니스 모델이 개발된다는 것이다.

첫 번째 단계인 아이디어 생성은 브레인스토밍을 통해 새로운 비즈니스 모델에 대한 아이디어를 창출하는 것으로 시작된다. 이때 55+7 비즈니스 패턴을 사용하는 것이 도움이 된다. 생성된 비즈니스 모델 아이디어 각각에 대해 좀 더 구체적으로 설명하고 논의한 다음에 2~3개의 아이디어를 선택한다.

두 번째 단계인 준비 단계에서는 선정된 2~3개의 비즈니스 모델들에 대해서 우선 고객 관점에서 각 비즈니스 모델이 제공하는 것에 대해 더 구체화하는 것이 필요하다. 그런 다음 각 비즈니스 모델에서 가치사슬 네트워크상의 이해관계자(공급자, 협력사)들의 역할이 무엇인지 그리고 각 비즈니스 모델이 고객을 포함한 이해관계자들에게 어떤 가치 명제를 제공할 수 있는지를 파악해야 한다. 이때도 55+7 비즈니스 모델 패턴들이 도움 될 수 있다. 이런 과정을 통해 각 비즈니스 모델에 핵심적인 역할과 주요 가치명제를 제공할 수 있는 핵심 공급자나 협력사의 이해관계자를 선택하게 된다. 마지막으로 이 핵심 이해관계자들 각각에 대해서 각 이해관계자가 무엇을 제공하고 무엇을 얻는지를 명확하게 한다.

세 번째 단계인 평가 단계에서는 준비 단계의 결과들을 통합하여 비즈니스 모델 시나리오를 계획하는 단계이다. 우선 핵심 이해관계자들을 모두 포함하는 가치사슬 네트워크를 완성시키고 확인한다. 이후 각각의 비즈니스 모델 시나리오에 대해 민감도 분석을 통해 비즈니스 모델의 잠재적 효과와 불확실성이 미치는 결과에 대해서 사전 분석해 미리 대비한다.

위의 세 단계에서 고객 관점과 이해관계자 관점은 물론 잠재 고객, 외부 전문가와 분석가, 온라인 검색 등을 통해 다양한 정보와 평가를 활용하는 것이 필요하다. 또한 이 과정에서 잊지 말아야 할 것은 비즈니스 모델의 가정에 대한 지속적인 평가와 확인이 필요하다는 것이다. 가치 명제, 사용자 니즈, 고객이 지불할 의향, 시장 상황, 기술 실현가능성, 이해관계자의 역량 등에 대한 가정들이 설정되어야 하며 설정된 가정들에 대해서는 지속적인 평가와 확인을 통해 수정 보완을 해야 한다.

다음 그림은 보쉬 연구소에서 사물인터넷 기술을 활용하여 새로운 비즈니스 모델을 개발하기 위해 적용한 비즈니스 모델 개발 프레임워크이다. 이 프레임워크에서는 사물인터넷 기반 비즈니스 모델을 생성하기 위한 절차와 각 단계에서 사용될 수 있는 도구와 방법론들을 보여주고 있다. 각각의 도구와 방법론에 대한 자세한 내

비즈니스 모델 개발 프레임워크

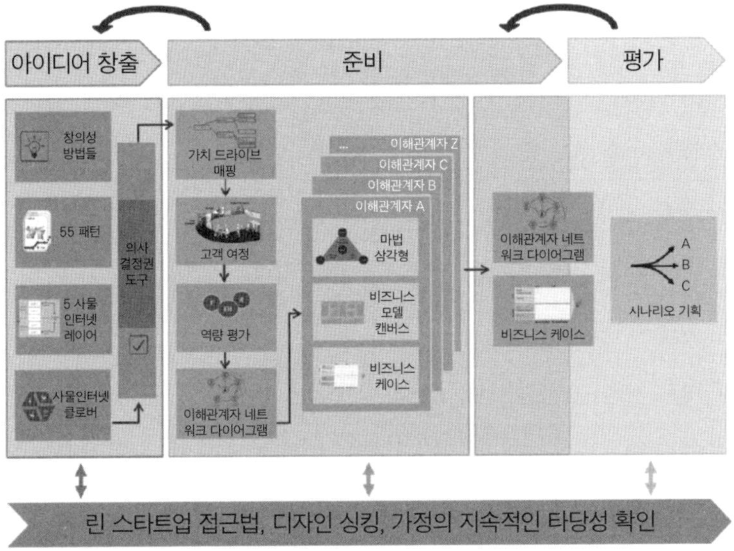

(출처: 사물인터넷 비즈니스 모델 빌더, 2015)

용과 적용 방법들에 대해서는 해당 문헌이나 온라인 자료들을 참고하길 바란다.

고객 가치사슬의 디커플링[3]

비즈니스 모델을 혁신하기 위해서는 먼저 고객에 대한 심층적 지식이 있어야 한다. 고객이 무엇을 원하는지, 특히 고객이 자신의 욕구를 충족시키기 위해 취하는 주요 활동을 알 필요가 있다. 이러한 일련의 활동을 고객 가치사슬Customer Value Chain이라고 한다. 고객

가치사슬은 고객이 제품을 찾아보고 평가하며 구매해서 사용하고 처분하는 일련의 활동을 말한다. 예전에 고객은 고객 가치사슬 전체를 한 회사에서 모두 수행했다. 예를 들어 화장품을 찾는 고객은 매장을 방문해서 여러 화장품을 테스트한 후 하나를 선택해 구매하곤 했다. 방문한 매장에서 모든 고객가치 활동을 했던 것이다.

그러나 화장품 제품의 테스트, 선택, 구매 단계를 분리decoupling한 다음에 고객이 더 적은 비용과 시간으로 더 편리하게 할 수 있는 단계를 찾아내 비즈니스 모델로 발전시킬 수 있다. 예를 들어 버치박스Birchbox에서는 화장품의 테스트 단계에 집중해 저렴한 비용으로 화장품 샘플을 정기적으로 고객들에게 제공하는 구독 서비스를 하고 있다. 이것은 화장품 고객의 가치사슬에서 테스트 단계를 분리해내 비즈니스로 발전시킨 사례라고 볼 수 있다.

고객가치 사슬이 앞에서 설명한 고객여정지도와 고객자원 생명주기와 다른 점은 고객가치 사슬을 구성하는 활동을 가치를 기준으로 구분하는 점이다. 고객 가치사슬 모델에서는 가치 창출 활동, 가치 요금 부과 활동, 가치 잠식 활동의 세 가지 가치 활동이 고객가치사슬을 구성하고 있다고 본다. 예를 들면 사용자가 모바일 게임을 하는 것은 가치 창출 활동이고 해당 모바일 게임을 하기 위해 사용자가 게임을 구매하는 것은 가치 요금 부과 활동이다. 반면에 가치 잠식 활동은 해당 모바일 게임을 하기 위해 사용자가 매번 로그인하거나 광고를 봐야 하는 활동이다.

이러한 활동 구분을 바탕으로 고객 가치사슬 모형의 저변에 깔린 요점은 기업은 고객이 원하는 가치를 창출하는 활동을 하거나, 가치 잠식 활동을 제거하거나, 또는 가치에 대한 대가 부과 활동을 줄이는 노력을 취해야 한다는 것이다.

고객가치 사슬 모델을 통한 비즈니스 모델의 전환을 요약하면 고객가치 활동의 사슬을 끊어내는 디커플링decoupling을 수행하고 이후 디커플링된 개별 활동에서 고객에게 더 낮은 원가로 더 편리하게 제공할 수 있는 활동을 발견하여 이를 비즈니스 모델로 발전시키는 것이라고 할 수 있다.

고객 가치사슬의 디커플링은 디지털 시대의 비즈니스 모델 혁신 방법으로 제시됐다. 고객의 활동 중에서 상대적으로 더 낮은 원가로 더 편리하게 제공할 수 있는 활동을 비즈니스 모델로 삼아 등장한 넷플릭스, 아마존, 에어비앤비, 우버 등과 같은 디지털 기반의 기업들이 어떻게 성공을 거두게 됐는지를 설명하기 위해 제안된 것이었다. 그러나 고객 가치사슬의 디커플링 기법을 활용해 전통 기업들에서도 핵심 고객들이 가치를 탐색하고 소비하며 가치에 대한 대가를 지불하는 과정을 자세히 관찰하고 추적해 기존의 비즈니스 모델을 개선하거나 새로운 비즈니스 모델을 개발할 수 있다.

10장

조직구조를 전환하기

DX MANAGEMENT

1.

조직구조의 전환 없이 디지털 트랜스포메이션은 불가능하다

조직구조의 디지털 트랜스포메이션은 다른 영역과 함께 해야 한다

조직구조의 디지털 트랜스포메이션은 디지털 기술을 활용해 조직을 더 민첩하게, 더 협력적으로 연결하는 구조의 조직으로 전환하는 것으로 정의하고자 한다. 조직구조의 디지털 트랜스포메이션은 운영 프로세스, 고객 경험, 새로운 비즈니스 모델 등의 다른 영역의 디지털 트랜스포메이션과 함께 이루어져야 한다. 유연한 조직구조 기반이 없는 다른 영역의 디지털 트랜스포메이션은 지속적인 성과를 기대하기가 어렵기 때문이다. 조직의 전환 없이 운영 프로세스, 고객 경험, 새로운 비즈니스 모델 등의 전환은 모래 위에 집을 짓는 것과 마찬가지로 위태로운 전환이 될 것이다. 다른 영역의 디지털 트랜스포메이션을 수행하는 과정에서 조직구조의 디지털 트랜스포메이션이 필요에 의해서 이루어지는 경우가 일반적이다.

다른 영역의 디지털 트랜스포메이션과 조직구조의 전환이 갖는 큰 차이점은 조직구조의 전환을 디지털 트랜스포메이션의 단기 성과를 얻기 위한 시작점으로 삼기에는 적절하지 않은 면이 있다. 조직구조의 전환은 대부분 단기간에 이루어질 수 없는 특징을 가지고 있기 때문이다. 조직도상에 보고와 감독 체계의 변화를 쉽게 그릴 수는 있다. 하지만 조직구조의 실질적인 변화는 구성원에 대한 반복적인 교육과 성과와 보상 시스템의 변화 등이 요구되고 무엇보다도 구성원의 내적 순응이 일어나야 하기 때문이다. 조직구조 자체를 변화하는 것보다는 고객 경험이나, 운영 프로세스 또는 비즈니스 모델이나, 제품과 서비스의 전환에서 더 가시적인 성과를 상대적으로 짧은 시간에 보여줄 수 있는 면도 있다. 그러다 보니 디지털 트랜스포메이션의 단기 성과를 내기 위한 전략으로 조직구조만을 전환하고자 시도했던 사례는 찾아보기가 어렵다.

그러나 운영 프로세스, 제품과 서비스, 고객 경험, 비즈니스 모델 등에서 디지털 트랜스포메이션이 지속적인 성과를 내기 위해서는 조직구조의 전환도 동반되어야 한다. 따라서 성공적인 전환 리더는 조직구조의 전환 방법론도 알고 있어야 한다. 디지털 트랜스포메이션의 성공과 정착을 위해서는 조직구조의 전환이 필수적이다.

기계로서의 조직과 유기체로서의 조직

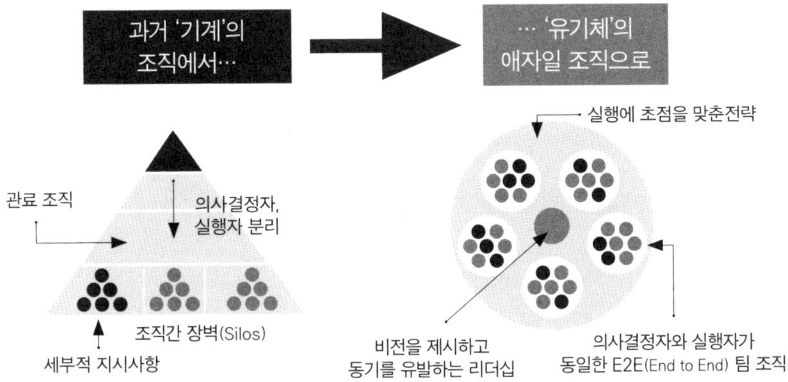

(출처: McKinsey Agile Tribe, 2017. 12)

조직구조의 전환은 유기체 조직으로 변신하는 것이다

조직구조organizational structure란 기업 경영을 하는 데 필요한 활동과 인원들을 조직화하는 것이다.[2] 조직구조는 크게 기계와 같은 구조와 유기체와 같은 구조로 크게 나누어 볼 수 있다. 안정적인 경영환경에서는 기업들이 기계적인 조직으로도 충분히 지속성장을 유지할 수 있었다. 그러나 4차 산업혁명과 코로나 팬데믹 환경과 같이 경영환경이 급속히 역동적이고 불확실해지는 상황에서는 유기체적인 구조를 갖추어야 한다. 기계 조직은 부서 간 사일로 조직으로 하향식 계층, 관료제, 상세한 지시 등이 특징이다.

반면에 유기체 조직은 모든 조직 구성원이 팀 단위로 서로 연결되어 있고, 실험을 중시하고, 실험의 시작에서부터 끝까지의 설명과 책임을 팀이 지고 빠른 변화와 유연한 자원 배정을 시행하며 솔선수범을 행하는 리더십이 있는 조직이다. 이러한 유기체적 조직을 애자일 조직agile organization이라고 하는 것이다. 애자일 조직의 대외 편은 외부 공급자, 협력자, 그리고 고객과도 원활한 거래와 협력과 소통을 위한 장을 마련하는 것이다. 이것이 플랫폼platform이다.

애자일 조직과 플랫폼을 구축하고 운영하기 위해서는 디지털 기술이 절대적으로 필요하다. 전통적인 기업이 애자일 조직과 플랫폼으로 변신하는 것이 대표적인 조직구조의 디지털 트랜스포메이션이다. 이번 장에서는 애자일 조직을 구성하기 위한 방법론인 애자일 기법과 플랫폼을 구축하는 방법에 관해 소개하고자 한다.

2.

어떻게 애자일 조직으로 전환하는가

일부 기업들이 급변하는 환경에 적응하기 위해 민첩한 조직구조로 전환해 큰 성과를 거둔 성공사례들이 회자되고 있다. 이 민첩한 조직구조, 즉 애자일 조직은 목표를 위해 소규모 팀들이 프로젝트를 자율적으로 운영해 고객이나 시장 변화에 더 민첩하고 유연하게 대처할 수 있도록 체계화된 구조를 갖춘 조직이다.[3] 맥킨지 글로벌 보고서에 의하면 애자일 조직은 기존 기계적인 조직과는 큰 차이점들이 있다.

첫째, 애자일 조직은 조직 전체에서의 비전 공유를 통해 조직원에게 업무 수행과 의사결정에 대한 명확한 기준을 제공한다. 둘째, 위계적 구조를 허물고 권한을 부여받은 팀 중심의 네트워크 조직을 구축한다. 셋째, 신속하게 의사결정이 이루어지고 그 과정에서 학습이 일어날 수 있게 한다. 넷째, 조직 관리와 조직 재설계에 있어서 사람을 중심으로 하면서 디지털 기술을 활용해 업무 효율을 높이는 특징을 가진 조직이다.

기존의 기능 조직이나 사업부 조직을 애자일 조직으로 전환하기 위한 전략이나 기법을 애자일 전략 또는 애자일 기법이라고 한다. 애자일 기법은 소프트웨어 개발방법론으로 고안됐다. 이 방법론이 소프트웨어 개발을 넘어서 프로젝트 관리방법론으로 많은 기업에서 사용되고 있다. 최근에는 프로젝트 관리를 넘어서 조직구조를 유연한 조직으로 개편하기 위한 방법론으로 애자일 기법의 적용 범위가 확대되고 있다. 애자일 기법이 조직구조의 전통적인 재설계 방식과 큰 차이를 보이는 것은 실행 속도와 적응성이다. 애자일 기법에서는 불확실한 환경에서 어떤 일이 벌어질지를 정확히 예측하기가 어려우므로 사전 조사와 분석이 아닌 빠른 실행과 실험을 통해 지속적으로 학습하면서 적응해 나가는 것을 지향한다.

스크럼 기법

애자일 조직을 운영하는 방식으로 스크럼scrum 실행 방식을 소개하고자 한다. 스크럼은 5~9명으로 구성되는 다기능팀cross-functional team으로 주어진 과제(예: 제품 개발)를 하기 위해 1~4주의 스프린트sprint라고 불리는 업무 주기를 반복한다. 스크럼은 제품 책

스크럼 프레임워크

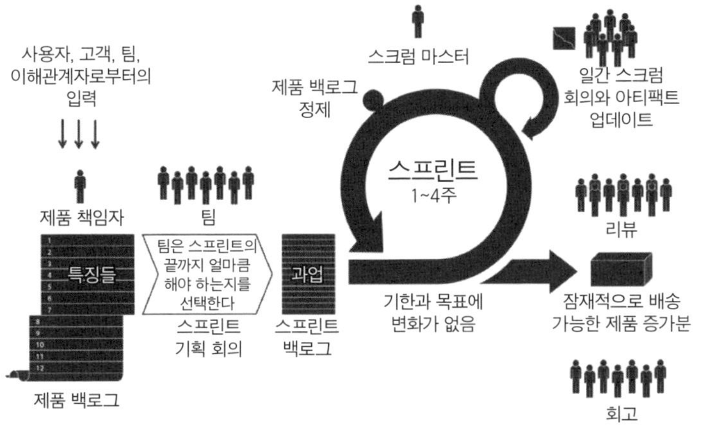

(출처: Jeff Sutherland, The Scrum Papers: Nut, Bolts, and Origins of an Agile Framework)

임자product owner가 관리해야 할 일들인 제품 백로그product backlog에서 매 스프린트에서 해야 할 일들인 스프린트 백로그sprint backlog를 스스로 결정하고 완수하여 스프린트마다 결과물increment을 산출해낸다. 스크럼 마스터scrum master는 스크럼이 과제를 완수할 수 있도록 필요한 자원을 지원하거나 장애 요소를 제거하며 스크럼을 인도한다. 제품책임자는 고객과 조직 가치에 기반하여 제품 백로그 항목들의 우선순위를 결정하고 매 스프린트의 결과를 검토해 지속적으로 조정한다.

스프린트는 스크럼, 제품책임자, 스크럼 마스터가 참여하는 기획 회의로부터 출발한다. 스프린트 회의는 무엇을 할지 스프린트 목표를 결정하고 결정된 목표를 어떻게 달성할지를 다룬다. 스프린트 중에는 스크럼 마스터의 주관하에 매일 15분 동안 스크럼 회의를 진행한다. 일간 회의에서 모든 팀원은 어제 했던 것이 무엇인지, 오늘 해야 할 일이 무엇인지, 그리고 업무하는 데 장애 요소는 무엇인지 보고하고 스크럼 마스터는 장애 요소를 제거하는 데 도움을 준다.

한 스프린트가 끝나면 스프린트 리뷰를 한다. 이때 팀원, 스크럼 마스터, 제품책임자뿐만 아니라 고객, 사용자, 경영진, 이해관계자 등 관심이 있는 누구나 참석할 수 있다. 이 리뷰 회의에서 스크럼은 스프린트의 결과물을 선보이고, 참가자들의 피드백을 받아 과제를 수정하고, 다음 스프린트의 목표 방향을 설정하는 기회를 얻는다. 또한 스프린트 회고sprint retrospective를 통해 업무와 환경을 점검하고 조정한다. 이와 같이 1~4주 주기로 반복되는 스프린트 실행으로 애자일 조직에서는 빠른 피드백과 학습을 통해 고객 요구와 환경 변화에 기민하게 대응할 수 있게 된다.

스포티파이 모델

애자일 기법을 적용해 애자일 조직을 구축한 사례로 스포티파이 모델이 가장 유명하다. 여기서는 스포티파이에서 구축한 애자일 조직이 어떠한 원리 아래에서 어떻게 구성되어 있고 운영되는지에 대해서 소개한다.

스포티파이는 세계에서 가장 큰 오디오 스트리밍 구독 서비스를

스포티파이의 애자일 조직

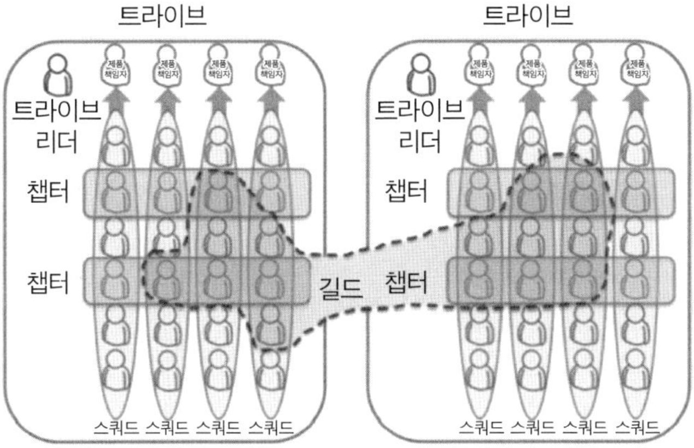

(출처: Scaling Agile@Spotify)

제공하는 기업이다. 2006년에 스웨덴 스톡홀름에서 창업해서 빠른 시간 내 큰 성공을 거둔 기업으로 평가받고 있다. 스포티파이의 성공 요인 중에 핵심 요인으로 민첩성을 향상시키기 위해 업무를 조직하는 스포티파이만의 고유한 접근 방식을 뽑는 의견이 많다. 이러한 방식을 스포티파이 애자일 모델이라 불리며 백서 「스켈링 애자일@스포티파이Scaling Agile@Spotify」에서 공개되면서 더욱 유명세를 탔다.

스포티파이 백서는 애자일 전략의 기초가 전부 담긴 지침서이다. 구성원들이 실패로부터 학습하는 동시에 성장에 대한 열망을 기초로 해서 기업의 성장을 아래에서부터 끌어올리는 방식을 기본 원리로 제시하고 있다. 첫 번째로 이러한 원리 아래에 스포티파이의 애자일 조직을 구성하는 빌딩 블록들에 대해서 살펴보자. 스포티파이의 애자일 모델의 가장 기초 단위는 스쿼드squard이다. 스쿼드는 스크럼과 마찬가지로 6~12명 수준으로 구성된 팀으로 제품책임자product owner를 비롯하여 사용자 경험UX 담당, iOS/안드로이드 기반 앱 담당, 백엔드에 이르기까지 설계에서 개발과 테스트 전 과정의 전문가 그룹으로 한 개의 스타트업과 같다고 볼 수 있다. 각 스쿼드는 장단기 미션을 가지고 있다. 동시에 사용자 경험의 서로 다른 부분에 대해 각각 책임을 맡고 있다. 스쿼드는 자신의 일하는 방식을 스스로 결정할 수 있으며 독립된 사무 공간과 작업 공간을 갖게 된다.

여러 스쿼드를 업무 관련성에 따라 묶은 것이 트라이브tribe다. 여러 스타트업의 창업을 지원해주는 창업보육 센터와 같은 역할을 하는 것이 트라이브이다. 트라이브의 리더tribe leader는 스쿼드 팀원들이 주어진 미션을 성공하기 위해 필요한 자원과 자율성을 확보해주는 역할을 한다. 트라이브는 이상적으로 40여 명 수준의 규모를 권장하고 최대 150명이 넘지 않도록 설계된다. 150명은 사회적 관계와 소통을 안정적으로 유지할 수 있는 던바의 숫자Dunbar's Number에 기반한 것이다.

챕터chapter는 각 트라이브 내에서 비슷한 기술과 유사한 분야를 담당하는 팀원들의 모임이다. 각 챕터는 정기적으로 모여 각 스쿼드에서 발생한 문제와 산출물을 공유하고 함께 업무 도구를 개발한다. 동일 직무 팀원의 전문성 향상과 업무 표준화는 물론이고 조직 역량 증진에 기여하는 역할을 한다. 챕터는 기존 조직의 기능 부서에 해당되는 것으로 각 챕터에는 챕터 구성원을 관리하는 챕터 리더chapter leader가 있다. 챕터 리더가 전통적인 관리자와 차이가 있다면 챕터 리더도 자신이 속한 스쿼드의 일원으로 동일한 분야의 일을 하고 현장의 일상을 이해하는 점이다. 챕터 리더는 업무현장의 일상을 이해하는 관리자로서의 장점뿐만 아니라 전문 분야의 구성원들이 흔히 느끼는 고립감을 해소해 주는 역할도 하는 장점을 가지고 있다.

개별 팀원은 관심사가 같은 일종의 오픈 커뮤니티인 길드guild를 구성할 수 있다. 길드는 누구나 자발적으로 가입할 수 있고 탈퇴도 가능한 공동체이며 챕터가 하나의 트라이브 내에 속하는 것이라면 길드는 여러 트라이브 간에 걸쳐 있을 수 있다. 또한 챕터에서는 챕터 리더가 있지만 길드에는 공식 리더는 없다. 자발적으로 코디네이터로 역할을 하는 팀원이 있을 뿐이다. 예를 들면 자바 길드와 C++ 길드 또는 안드로이드 길드와 같이 업무 관련 길드가 있을 뿐 아니라 공예 길드, 사진 길드와 같은 취미 관련 길드도 있다.

두 번째로 스포티파이 모델을 운영할 때 중점을 두어야 하는 점을 요약해 보면 다음과 같다. ① 스쿼드에 의사결정 권한을 부여하여 시장의 변화에 신속하게 대응할 수 있게 한다. 스쿼드는 일종의 스타트업과 마찬가지로 업무 수행 방식과 팀 구성에 대한 의사결정 권한을 부여받아야 한다. 이에 따라 주도적으로 업무 수행과 실험을 통해 더 신속하고 기민하게 시장에 대응할 수 있게 된다.

② 챕터, 트라이브, 길드를 통해 협업과 학습을 촉진한다. 챕터는

하나의 트라이브 내에 포함된 각 스쿼드에서 동일 기능을 수행하는 팀원들의 모임이다. 동일 직무가 스쿼드별로 진행됨에 따라 발생되는 불필요한 업무 중복을 최소화하고 전문성 향상과 업무 표준화 등을 증진시키는 역할을 해야 한다. 한 트라이브는 스쿼드 간의 협업을 쉽게 하기 위해 같은 공간에서 근무하며 정기적으로 모임을 개최해 진행 중인 업무에 대한 정보를 공유하고 조율해야 한다. 길드는 스쿼드나 트라이브의 소속에 국한되지 않고 누구나 참여해 각자 당면한 문제와 해결책에 대해 논의하고 지식을 공유하는 모임이 되어야 한다.

③ 트라이브 리더, 제품 책임자, 챕터 리더, 애자일 코치의 지원을 통해 스쿼드의 업무 효율을 높인다. 트라이브 리더는 사업 성과를 달성하기 위해 전략을 수립하고 소속 스쿼드가 업무 수행을 잘할 수 있도록 최상의 업무 환경을 제공할 책임을 갖는다. 제품 책임자는 소속된 스쿼드가 완수해야 할 업무의 우선순위를 설정하고 각 스쿼드의 제품 책임자는 소속된 트라이브의 전략을 달성하기 위한 로드맵의 일관성을 유지하기 위해 서로 긴밀하게 협력한다. 챕터 리더는 스쿼드 팀원에게 직접 업무를 지시하거나 통제하지 않는다는 것을 제외하면 기존의 관리자와 동일한 역할을 한다. 스쿼드 팀원이 우수한 성과를 낼 수 있도록 코칭하고, 역량을 개발시키고, 수행을 평가한다. 마지막으로 애자일 코치는 내부 컨설턴트와 같이 애자일 조직이 제대로 운영되도록 문제점을 파악하고 해결책을 제시한다. 이를 위해서 팀원과의 일대일 면담은 물론 교육

을 통해 팀원들의 역량을 끌어올리는 역할도 한다.

세 번째로 스포티파이 모델을 다른 기업에서 적용할 때 명심해야 할 사항들이 있다. ① 다른 모델이나 방법론과 마찬가지로 스포티파이 모델도 모든 조직을 민첩하게 만들어주는 만능 솔루션one-size-fits-all solution이 아니다. 각 기업의 특정 요구 사항과 제약 조건을 충족하기 위해서는 수정되고 적용되어야 한다는 점을 명심해야 한다. ② 최근 회자되기 시작하는 스포티파이 모델에 대한 부정적인 의견 중에서 참조할 만한 사항으로 전사적으로 모든 조직을 스포티파이 모델과 같이 전환하는 것은 스포티파이 자체도 구현하지 못하고 있다는 점이다. 조직 내에서 민첩성이 요구되는 부서에 한해서 스포티파이 애자일 모델을 적용하는 것이 더 현실성이 있는 방안이 될 수 있다. 조직 내의 모든 조직이 스포티파이 모델의 애자일 조직이 될 필요는 없다.

애자일 조직 구축 로드맵

조직마다 애자일 조직을 구축하기 위한 로드맵이 다 다를 수 있다. 조직마다 목표와 처한 상황이 다르기 때문이다. 그러나 애자일 조직을 구축하고자 하는 기업에서 따라야 하는 애자일 조직으로 안내하는 로드맵의 주요 마일스톤으로 진단과 준비initial setup, 시범 적용pilot, 그리고 전사 확산enterprise transformation을 제안할 수 있다.

첫 번째 마일스톤인 진단과 준비에서는 조직에 어떤 문제가 있는지 진단하고 애자일 방식을 통해 어떤 효과를 기대할 수 있을지 정리하는 작업이 선행되어야 한다. 내부적 공감대 형성도 필수적이다. CEO와 임직원들의 다양한 의견을 수렴하고 교육을 통해 애자일의 철학과 역할 등에 대해 이해시키는 작업이 필요하다.

두 번째 마일스톤은 시범 적용 단계로 전사적으로 적용하기보다는 먼저 2~3개 팀을 선정하여 시범 적용해 나가는 것이 필요하다. 선정된 팀이 자기 주도적으로 이슈를 해결하고 협력할 방안을 스스로 도출할 수 있도록 하는 것을 목표로 삼아야 한다. 시범 적용 단계에서는 시행착오를 겪을 수밖에 없다. 이 단계에서 겪는 시행착오에 대해서는 문서화하고 교훈을 정리하여 이를 활용한 개선된 해결책을 지속적으로 제안함으로써 성공 사례를 만들어야 한다.

마지막 마일스톤인 전사 확산 단계에서는 시범 적용 단계에서 거둔 성공 사례를 전사로 성공적으로 확산하기 위한 인사평가 방식의 변화가 필요하다. 애자일 전략 아래에서는 동료 평가가 포함된다면 평가와 절대 평가를 권장한다. 애자일 조직에서는 동료 간의 협업이 필수적이기 때문이다. 주도적인 팀과 그에 따른 권한도 부여받은 팀이 팀원들의 오너십을 높일 수 있고 팀원 간의 상호작용을 더욱 활발하게 함으로써 애자일 조직의 최종 목표인 창의성과 혁신을 발현시킬 수 있는 토대가 되기 때문이다.

애자일 조직의 효력이 제대로 나오기 위해서는 첫째, 애자일 팀은 권한위임을 받은 자율 관리팀이어야 한다. 둘째, 애자일 팀의 성과는 재무적 성과보다는 유효한 학습으로 측정되어야 한다. 먼저 애자일 팀은 과업 목표를 스스로 결정하고 결과를 책임지는 자율 조직이다. 리더는 팀에게 무엇을 해야 할지 알려주지만 어떻게 해야 하는지는 지시하지 않는다. 따라서 애자일 조직은 위계적인 조직과 비교해 지시와 승인의 단계가 축소되고 업무 실행 속도와 직원 몰입이 향상된다.

하지만 애자일 방식을 제대로 이해하지 못한 리더들은 하향식 관리를 고수하는 경향이 있다. 여전히 계획과 지시를 통해 세부사항까지 관리하는 것이다. 애자일 조직에서 리더가 해야 할 역할은 비전과 목적을 전파하고, 고객 가치 증진을 위해 전략적 우선순위를 정하고, 팀 목표 달성을 위한 필요 자원 제공, 장애물 제거 등 적극적인 조력자 역할을 해야 한다.

두 번째 요건으로 애자일 조직에서는 재무적인 성과보다는 유효한 학습으로 성과가 측정되어야 한다는 점이다. 애자일은 불확실성 속에서 예측도를 높이기 위해 조사와 분석에 힘쓰기보다는 빠른 실험과 학습을 통해 좌표를 교정해 목표점에 더 빠르게 도달하는 것을 더 가치 있게 여긴다. 불확실성 속에서는 즉각적인 성과를 얻기보다는 시행착오를 겪을 가능성이 크기 때문에 단기적으로는 실패로 인식될 수 있지만 장기적으로는 학습을 통해 실질적인 가치를 창출할 수 있다.

따라서 애자일 조직에서는 프로젝트 실행과정에서 실패가 발생했다 하더라도 그 실패가 유효한 학습으로 이어진다면 그것은 실패가 아니라 성과로 평가되어야 한다. 이러한 측면에서 애자일 조직의 리더는 관리자보다는 벤처투자자가 되어 프로젝트의 결과를 재무적 결과가 아닌 성장 가능성을 기반으로 평가해야 한다.[4]

3.

어떻게 플랫폼 비즈니스로 전환하는가

최근 기업가치로 세계 상위에 속하는 기업들의 공통점은 플랫폼 비즈니스를 한다는 점이다. 애플, 마이크로소프트, 구글, 아마존, 메타 등이 대표적이다. 이 기업들은 디지털 기술을 기반으로 가치 교환의 장인 플랫폼을 기반으로 비즈니스를 하고 있다.[5] 이들 플랫폼 기업들이 세계 경제를 지배하는 현상이 지속적으로 더 심해질 것이라는 의미로 '플랫폼 경제' 또는 '플랫폼노믹스'라는 용어가 등장하고 있다. 전통적인 파이프라인 기업들은 이러한 현상을 목도하고 플랫폼 비즈니스로의 전환 전략을 추진하고 있다. 세계 상위의 플랫폼 기업들은 태생이 디지털 기업들인 반면에 전통적인 파이프라인 기업들은 아날로그 기업들이다.

따라서 전통적인 기업들이 플랫폼 비즈니스로의 전환은 디지털 트랜스포메이션의 일환이라고 볼 수 있다. 플랫폼 비즈니스로의 전환은 당연히 조직구조에서의 디지털 트랜스포메이션을 기본으로 하면서 이를 넘어서 비즈니스 모델, 운영 프로세스, 제품과 서비스, 그리고 고객 경험 등에서의 디지털 트랜스포메이션을 모두 포함하는 디지털 트랜스포메이션의 종합선물 세트라고 할 수 있다. 이 장에서는 전통적인 아날로그 기업이 플랫폼 비즈니스로 어떻게 전환할 수 있는지에만 초점을 맞추고자 한다. 플랫폼 비즈니스에 대한 다른 내용들은 관련 자료들을 참고하길 바란다.[6]

플랫폼의 정의와 플랫폼 비즈니스의 진화 과정

플랫폼platform의 어원을 살펴보면 구획된 작은 지면이란 plat과 형태라는 form의 합성어로 구획된 지면의 형태를 의미한다. 구획된 지면에 집이 지어지고 도로가 생기듯이 필요에 따라 여러 형태로 활용될 수 있는 공간을 표현하는 단어이다. 기차역의 승강장, 역도에서는 바벨을 드는 사방 4미터의 발판대, 다이빙에서는 다이빙 준비대, 자동차의 차대 등 여러 의미로 사용되고 있다.

플랫폼 비즈니스에서의 플랫폼이란 의미를 좀 더 이해하는 데 도움이 되는 것은 기차역의 승강장이라고 할 수 있다. 승강장은 기차와 승객이 만나는 공간이다. 승객은 돈을 내고 기차는 승객을 원하는 장소로 이동시켜주는 가치교환이 일어나는 장소이다. 또한 승강장에는 기차를 기다리는 승객에게 부가 서비스를 제공해주는 매점들이 있다. 이러한 매점들은 일반적으로 외부 사업자들이 임대를 받아 승객들이 기차를 기다리는 동안 필요한 것들을 판매하여 수익을 내고 그 수익의 일부를 승강장 소유주에게 지급한다. 외부 사업자들에게는 승객들이 모여드는 승강장에 매점을 개설하는 것은 별다른 광고나 판매촉진 활동을 할 필요가 없는 큰 특혜로 간주될 수 있다. 플랫폼인 승강장은 여객이나 화물의 이동을 위한 본연의 기능뿐만 아니라 식료품이나 기념품 판매라는 부가적인 기능을 할 수 있는 장소라는 점을 기억하는 것은 플랫폼 비즈니스 원리를 이해하는 데 큰 도움이 된다.

플랫폼 비즈니스는 플랫폼을 제공하여 공급자와 수요자들을 연결시킴으로써 직접적인 수익이나 간접적인 이득을 얻는 비즈니스 모델이다.[7] 이 플랫폼 비즈니스의 참여자는 플랫폼을 제공하는 소유자 또는 운영자인 플랫폼 사업자, 제품이나 서비스를 판매하는 공급자, 제품이나 서비스를 구매하는 수요자 또는 사용자로 크게 세 유형으로 구분된다. 플랫폼 사업자는 수요자들과 공급자들이 쉽게 접근할 수 있는 네트워크를 만들고 또 연결한다. 플랫폼은 참여자들이 서로 소통하며 쉽게 거래할 수 있는 공동체와 시장이 되는 것이다.

플랫폼 비즈니스에서의 플랫폼이란 공급자, 수요자 등 복수 그룹이 참여하여 각 그룹이 얻고자 하는 가치를 공정한 거래를 통해 교환할 수 있도록 구축된 환경으로서 플랫폼 참여자들 간의 상호

작용이 일어나면서 모두에게 새로운 가치와 혜택을 제공해줄 수 있는 상생의 생태계라고도 볼 수 있다. 이러한 플랫폼의 정의를 기반으로 했을 때 전통적인 시장을 아날로그 플랫폼이라고 볼 수 있다. 전통적인 시장은 공급자와 수요자가 가치교환을 하는 장소이기 때문이다. 아날로그 전통시장이 인터넷을 기반으로 하는 온라인 시장으로 진화된 것이 이베이, 아마존, 지마켓과 같은 온라인 마켓플레이스market place이다. 이러한 온라인 마켓플레이스의 진화된 명칭이 디지털 플랫폼 또는 플랫폼인 것이다.

전통기업의 플랫폼 비즈니스로의 전환을 위한 사전 작업

플랫폼 경제를 직면한 많은 전통적인 기업들은 플랫폼 비즈니스로의 전환을 도모하고 있다. 전통기업이 플랫폼 비즈니스를 운영하기 위해서는 1) 사전에 플랫폼 비즈니스를 왜 해야 하는지에 대한 명확한 목적이 있어야 한다. 플랫폼 비즈니스를 하는 의미에 대해 명확한 개념을 가지고 이를 기업의 전 구성원과 공유해야 성공적인 플랫폼 비즈니스를 이루어 낼 수 있다. 2) 플랫폼 비즈니스를 하는 목적이 정해진 이후에는 현재의 비즈니스를 플랫폼화할 것인지 아니면 신규 사업으로 플랫폼을 구축할지, 또는 현재 존재하는 플랫폼에 참여할 것인지에 대한 큰 그림을 그릴 필요가 있다. 이를 위해서 5포스 모델과 가치사슬 모델 또는 스왓SWOT 분석을 통해 내부 환경과 외부 환경에 대한 분석이 필수적이다. 3) 기존 플랫폼의 성공 요인과 실패 요인들을 파악하고 분석하여 반면교사로 삼을 필요가 있다. 내외 환경 분석과 성공·실패 요인들을 분석해 신규 플랫폼을 구축할 것인지, 기존 플랫폼에 참여할 것인지에 대한 타당성 분석을 수행하는 것도 그다음 단계로 필요하다.

전통기업의 플랫폼 비즈니스 수행 전략

전통기업이 플랫폼 비즈니스를 수행하는 데 4가지 전략이 있다. 첫째, 기존 플랫폼 인수. 둘째, 기존 플랫폼 참여. 셋째, 신규 플랫폼 구축. 넷째, 기존 비즈니스의 플랫폼 전환 등이 있다. 먼저 기존 플랫폼 인수는 플랫폼 비즈니스의 목적을 정한 이후에 기존 플랫폼 중에서 적절한 플랫폼을 찾아내 인수하는 방안이다. 이 전략은 다른 세 가지 전략과 비교해 상대적으로 용이한 플랫폼 비즈니스 실행 전략이다. 따라서 여기서는 나머지 세 가지 플랫폼 비즈니스 추진 전략을 좀 더 설명하고자 한다.

기존 플랫폼 참여 전략

신규로 스스로 플랫폼을 구축하지 않고 다른 기업이 기존에 구축해놓은 플랫폼에 참여하는 전략을 선택하는 경우에 우선 자신이 참여할 수 있는 플랫폼에 대한 이해와 분석이 필요하다. 플랫폼 가격전략, 참여 인센티브, 참여 의무사항과 조건, 플랫폼 사업자의 문화, 사용자 커뮤니티, 고객 대응 태도, 플랫폼 발전 가능성, 멀티호밍(multihoming, 공급자나 수요자가 경쟁 플랫폼에 참여하는 행위) 허용 여부 등에 대해 폭넓게 비교분석을 해야 한다. 비교분석을 통해 참여할 플랫폼을 결정하면 수익 확보를 위한 단기 전략을 수립해야 한다. 참여할 플랫폼 내에서 어떻게 활동할 것인지, 고객에게 어떻게 다가갈 것인지, 비즈니스 모델은 어떻게 가져갈 것인지에 대한 전략도 준비해야 한다. 참여할 플랫폼에 이미 많은 참여자가 있는 경우 치열한 경쟁상황을 맞이하게 될 것이다. 이에 대한 대응 방안도 고민해야 한다.

장기적으로는 참여한 플랫폼에서 독립해 자체 플랫폼을 구축하는 장기 전략도 고안할 필요가 있다. 일반적으로 플랫폼에 참여할 때 플랫폼에 종속되어서 플랫폼의 횡포에 큰 피해를 볼 수 있다. 따라서 참여한 플랫폼 내에서 독자적인 제품과 서비스를 제공하여 수요자를 확보하는 데 집중할 필요가 있다. 어느 정도의 수요자를 확보한 이후에는 독자적으로 플랫폼을 구축하거나 여력이 되지 않을 때는 비슷한 상황의 공급자들과 제휴를 맺어서 플랫폼을 새롭게 구축하는 방안도 고려할 수 있다.

신규 플랫폼 구축 전략

이미 구축된 플랫폼에 참여하지 않을 때는 새롭게 플랫폼을 구축하는 전략을 취할 수 있다. 신규 플랫폼을 구축하기로 했다면 가장 중요한 것은 첫째, 사업 도메인을 정하는 것이다. 사회의 변화와 고객의 라이프스타일이나 취향의 변화를 예측하여 사업 도메인을 정해야 한다. 둘째, 사업 도메인을 정한 뒤에는 이에 대한 내부 구성원과 공감대를 형성하여 모든 노력이 한 곳에 집중되도록 해야 한다. 셋째, 사업 도메인이 정해지면 타깃이 되는 그룹도 정해지게 될 것이고 그들의 페인 포인트를 해소해주는 방안도 파악할 수 있게 된다.

넷째, 플랫폼의 역할과 타깃 그룹이 필요로 하는 기능을 조합하여 플랫폼에서 구현되어야 하는 기능을 정하는 것이 중요하다. 다섯째, 이런 이후에 비즈니스 모델을 설정해야 한다. 플랫폼 비즈니스를 통해 얻을 수 있는 효익은 무엇이며 비용은 얼마인지에 대한 명확한 그림이 있어야 한다. 효익은 반드시 직접적인 수익만을 포함하는 것은 아니고 참여자에 대한 정보 획득과 같은 부가적인 것도 포함되어야 한다.

여섯째, 플랫폼을 활성화시키고 선순환구조의 생태계를 어떻게 만들 수 있을지도 고민해야 한다. 플랫폼을 활성화시키기 위해서 참여자들을 플랫폼 내로 유인하는 방안이 필요하다. 즉 참여자들에게 어떠한 인센티브를 얼마나 제공할지에 대한 고민이 있어야 한다.

참여자 유인 과정에서 닭과 달걀의 딜레마를 적절하게 해결해야 한다. 닭과 달걀의 딜레마는 플랫폼의 참여자인 공급자와 수요자 중에 누구를 먼저 플랫폼에 참여하도록 유도할 것인지가 확실하지 않다는 것이다. 공급자들을 유인할 때 플랫폼 내 수요자가 없다면 공급자들이 참여하려고 하지 않을 것이고 수요자도 마찬가지로 공급자가 없는 플랫폼에 참여하지 않을 것이다. 닭과 달걀의 딜레마의 기본적인 해결안은 전통적인 시장이 어떻게 형성되는지를 살펴보는 것에서 얻을 수 있다. 특정 장소에 장사하는 사람들이 한두 명씩 모이게 되면 고객들도 모이게 된다. 이런 과정이 반복되면서 시장이 생기게 된다. 따라서 일반적인 경우에 플랫폼 사업자는 공급자를 먼저 참여시키는 데 노력해야 한다. 공급자들이 있어야 수요자들이 모이게 되기 때문이다. 그러나 모든 경우에 공급자를 항상 먼저 참여시키도록 하는 것은 아니다. 플랫폼을 구축하려고 하는 기업이 이미 상당한 수의 고객을 확보하고 있는 경우에는 기존 고객에게 추가적인 가치를 제공할 수 있는 공급자들을 참여시켜 플랫폼의 구축을 시작할 수 있을 것이다. 그 반대의 경우도 성립된다.

일곱째, 플랫폼의 참여자를 참여시킬 유인책을 정한 다음에는 플랫폼의 거버넌스도 결정해야 한다. 플랫폼을 누구에게나 개방할 것인지 또는 참여할 수 있는 조건을 부여하는 폐쇄형 플랫폼으로 운영할 것인지, 플랫폼 내에서 거래되는 제품이나 서비스의 가격을 어느 정도로 책정할 것인지, 그리고 수익을 플랫폼 구성원 간에 어떻게 배분할지를 결정해야 한다. 플랫폼 초기에는 수익을 참여자에게 대부분 돌아가게 해야 한다. 특히 공급자보다는 수요자에게 더 많은 수익이 돌아가게 해야 한다. 다시 말해 수요자가 다른 곳보다는 플랫폼 내에서 더 저렴한 가격으로 동일한 제품과 서비스를 구매할 수 있도록 해야 한다.

여덟째, 마지막으로 플랫폼이 구축되고 거버넌스의 내용도 결정이 되면 플랫폼 운영이 시작될 것이다. 그런 이후에는 지속적인 내외 환경 분석을 통해 플랫폼 참여자의 규모를 확장하기 위한 가격 정책이나 수익 배분에 대해서 계속적인 업데이트와 보완이 있어야 한다. 또한 경쟁 플랫폼에 대해서도 지속적으로 모니터링을 해서 경쟁우위를 확보하기 위한 전략들을 수행해야 한다. 플랫폼 참여자가 어느 정도의 규모를 넘어서게 되면 계속해서 공급자가 참여하고 이를 보고 더 많은 수요자가 참여한다. 이는 더 많은 공급자를 유인하게 되는 스노우볼 효과snowball effect의 선순환구조를 확보하게 된다. 선순환구조를 기반으로 플랫폼 사업자는 수익에 대한 승자독식winner-takes-all의 체계를 갖추게 된다.

기존 비즈니스를 플랫폼 비즈니스로 전환 전략

앞에서 소개된 전략들은 기존 사업과는 다른 새로운 사업을 플랫폼 비즈니스로 수행하려는 경우를 전제로 한 전략들이었다. 반면에 신규 사업을 플랫폼화하는 것이 아니라 전통적인 기존 비즈니스를 플랫폼으로 전환하고자 하는 경우도 고민해 볼 필요가 있다. 기존 사업을 플랫폼으로 전환하는 방안에는 첫째, 외부 업체를 위임해서 기존 사업의 고객들과 연결하는 방안, 둘째, 기존 사업의 고객들이 여러 고객층으로 구성된 경우에는 서로 다른 고객층을 연결하는 방안, 셋째, 기존 사업이 다른 제품이나 서비스를 판매하는 경우에 각각의 제품과 서비스의 고객들을 연결하는 방안 등이 있다.

첫째, 기존 기업이 상당한 고객을 확보한 경우에 기존 기업의 제품이나 서비스로 충족시키지 못하는 고객의 니즈를 외부 업체를 통해 충족시켜 줄 필요가 있다. 예를 들어 편의점에서 기존 고객에게 공과금 납부, 택배 서비스 등의 추가적인 서비스를 제공하는 경우가 해당된다. 이 경우에 기존 고객이 추가적인 서비스 제공을 좋아하는 것이 아니라 오히려 부담을 갖거나 싫어할 수도 있다. 또한 추가적인 서비스에 대한 만족도가 높지 않을 때는 기존 고객을 잃을 수도 있는 위험 요소도 감안해야 한다.

둘째, 기존 기업의 한 제품이나 서비스가 서로 다른 고객층에게 판매되는 경우에 다른 고객층을 연결해주는 플랫폼을 구축할 수 있다. 예를 들어 헬스 웨어러블 시계의 회사에 일반인과 트레이너 두 고객 집단이 있는 경우를 가정해 보자. 이러한 경우에 헬스 시계를 판매하는 기업에서는 플랫폼을 구축해 개인 트레이너를 필요로 하는 일반인을 트레이너와 연결해 줄 수도 있다. 이 방안의 위험 요인은 일반인과 개인 트레이너의 연결이 헬스 시계 회사에는 추가적인 가치를 제공하지 않을 수도 있다는 점이다. 그리고 어떤 일반인은 개인 트레이너와의 연결에 반감을 느껴서 아예 헬스 시계 회사에서 멀어질 수도 있다는 위험이 있다.

셋째, 기존 기업이 다양한 제품이나 서비스를 판매하는 경우에 각각의 제품 고객들을 서로 연결함으로써 고객들에게 부가가치를 제공할 수 있다. 예를 들면 시청률 조사 기업에서 시청률 자료를 미디어 회사에 제공하는 동시에 광고 효과 정보를 제품 판매업자에게도 제공하는 두 가지 서비스를 하는 경우가 있다. 이러한 경우에 시청률 조사 기업은 이 두 고객층을 광고 목적으로 연결할 수 있다. 제품 판매업자가 제품 광고를 미디어 회사를 통해서 하기 때문에 시청률 조사 기업은 이 두 고객층이 용이하게 서로 소통하기 위한 플랫폼을 제공할 수 있다.

그러나 이 방안도 두 고객층을 연결해주는 것이 회사에는 큰 수익을 제공하지 않을 수도 있다. 최악의 경우에는 각각의 고객층이 플랫폼에서 소통하는 것이 아니라 플랫폼 밖에서 직접 연결을 시도하는 것이다. 두 고객층의 연결을 활성화하는 것이 일부 고객의 업무를 침해할 수도 있다. 개별적으로 미디어 회사를 검색하고 섭외하려는 제품 판매업자에게 플랫폼에 참여한 미디어 회사에 대한 연결 정보를 지속적으로 제공하는 경우에는 제품 판매업자의 업무를 침해하게 된다. 결과적으로 제품 판매업자의 이탈을 가져올 수도 있다.

참고문헌

1. 강태욱 지음, 뉴노멀 디지털 트랜스포메이션, 씨아이알, 2022.
2. 김승현, 성지은, 김선우, 오승환, 김영환, 전지은, 김정호, 정미애, 정효정, 홍정임, 김지은, 김수은, 임종순, 김국진, 곽기현, 정윤정, 정준화, "전환시대 지역혁신생태계에서 선도기업의 역할과 기여", 과학기술정책연구원, 2020.
3. 김진영, 김형택, 이승준 지음, 디지털 트랜스포메이션 어떻게 할 것인가, e비즈북스, 2018.
4. 김형택, 이승준 지음, 그들은 어떻게 디지털 트랜스포메이션에 성공했나, 윌컴퍼니, 2021.
5. 대럴 릭비, 사라 엘크, 스티브 베레즈 지음, 안희재 감수, 이영래 옮김, 조직을 민첩하고 유연하게 바꾸는 애자일 전략, 알에이치코리아, 2021.
6. 댄 코헨 글, 존 코터 감수, 유영만 번역, 기업이 원하는 변화의 기술 실천편, 김영사, 2007.
7. 박희준 지음, 플랫포노베이션하라, 김영사, 2023.
8. 안드레이 페루말, 스티븐 윌슨 지음, 김만수 권영상 옮김, 복잡성 시대의 성장의 역설, 여백, 2020.
9. 올리버 가스만, 캐롤린 프랑켄버거, 미켈라 식 지음, 아이큐브플랫폼연구소 옮김, 비즈니스 모델 내비게이터, 아이큐브플랫폼연구소, 2016.
10. 윤상진 지음, 플랫폼이란 무엇인가?, 한빛비즈, 2012.
11. 윤상진 지음, 플랫폼노믹스, 포르체, 2021.
12. 조용완 지음, 디지털 혁신만이 살 길이다, 클라우드나인, 2019.
13. 조지 웨스터먼, 디디에 보네, 앤드류 맥아피 지음, 최경은 옮김, 디지털 트랜스포메이션, e비즈북스, 2017.
14. 존 코터 지음, 한정곤 번역, 기업이 원하는 변화의 리더, 감영사, 2016.
15. 존 코터 댄 코헨 지음, 김기웅 김성수 번역, 기업이 원하는 변화의 기술, 감영사, 2011.
16. 탈레스 S 테이셰이라 지음, 김인수 옮김, 디커플링, 인플루엔셜, 2019.
17. Bilgeri, D. Brandt, V., Lang, M., Tesch, J., and Weinberger, M., "The loT Business Model Builder," A White Paper of the Bosch IoT Lab in collaboration with Bosch Software Innovations GmbH, October 2015.
18. Bloomberg, J., "Digitization, Digitalization, and Digital Transformation: Confuse Them at Your Peril," Forbes, Apr. 29, 2018.
19. Bonnet, D. and Westerman, G., "The New Elements of Digital Transformation,"

MIT Sloan Management Review, Vol. 62, No. 2, Winter 2021, pp. 83-89.

20. Brosseau, D., Ebrahim, S. Handscomb, C., and Thaker, S., "The Journey to an Agile Organization," May 2019, McKinsey.com.

21. Browne, C., "How to Make a Customer Journey Map in 7 Simple Steps," CareerFoundry, 2020. McKinsey.com

22. Cohen, Dan S. and Kotter, John P., The Heart of Change Field Guide: Tools and Tactics for Leading Change in Your Organization, Harvard Business Review Press, 2005.

23. Danneels, E. and Frattini, F., "Finding Applications for Technologies Beyond the Core Business," MIT Sloan Management Review, Vol. 59, No. 3, Spring 2018, pp. 73-78.

24. Desai, R., "How To Create User Personas for Your Business?" The Startup, 2019.

25. Esbensen, B. K., Hjartar, K., Pralong, D., and Slao, O., "A Tale of Two Agile Paths: How A Pair of Operators Set Up Their Organizational Transformations," February 2019, McKinesy.com.

26. Fleisch, E. Weinberger, M., and Wortmann, F., Business Models and the Internet of Things. Bosch IoT Lab Whitepaper, 2014. (http://www.iot-lab.ch/?page_id=10543)

27. Galbraith, Jay R., Designing Organizations: An Executive Guide to Strategy, Structure, and Process, Jossey-Bass, 2002.

28. Gassmann, O., Frankenberger, K., and Csik, M., The Business Model Navigator: 55 Models That Will Revolutionise Your Business, Upper Saddle River, NJ: FT Press, 2014.

29. Gassmann, O., Frankenberger, K., and Choudury, M., The Business Model Navigator: The Strategies Behind the Most Successful Companies, Upper Saddle River, NJ: FT Press, 2020.

30. Herd, S., Top Tips on Successful Journey Mapping, Sutherland Labs, 2015.

31. Kast, F. E. and Rosenzweig, J. E., Organization and Management. A Systems and Contingency Approach, 4th ed., N.Y.: McGraw-Hill, 1985, pp.234-235.

32. Kotter, John P., "Leading Change: Why Transformation Efforts Fail," Harvard Business Review, March-April 1995, pp. 59-67.

33. Kotter, John P., Leading Change, Havard Business School Press, 1996.

34. Kotter, John P. and Cohen, Dan S., The Heart of Change: Real Life Stories of How People change Their Organizations, Harvard Business School Press, 2002.

35. McGrath, R. and McManus, R., "Discovery-Driven Digital Transformation," Harvard Business Review, May-June 2020, pp. 124-133.

36. McKinsey Agile Tribe, "How to Create an Agile Organization," October 2017, McK-

insey.com.

37. McKinsey Agile Tribe, "The 5 Trademarks of Agile Organizations," December 2017, McKinsey.com.

38. Moazed, A. and Johnson, N. L., Modern Monopolies: What It Takes to Dominate the 21st Century Economy, St. Martin's Press, 2016.

39. Osterwalder, A. and Pigneur, Y., Business Model Generation. A Handbook for Visionaries, Game Changers, and Challengers. Wiley, 2010.

40. Permal, A and Wilson, S., Growth in the Age of Complexity, McGrow Hill, 2018.

41. Piccoli, G., Spalding, B. R., and Ives, B., "The Customer-Service Life Cycle: A Framework for Improving Customer Service through Information Technology," Cornell Hotel and Restaurant Administration Quarterly, 2001, pp. 38-45.

42. Porter, Michael E., Competitive Strategy: Techniques for Analyzing Industries and Competitors, Free Press, 1980.

43. Porter, Michael E., Competitive Advantage: Creating and Sustaining Superior Performance, Free Press, 1985.

44. Rigby, D., Sutherland, J. and Noble, A., "Agile at Scale," Harvard Business Review, May-June 2018.

45. Rigby, D., Elk, S. and Berez, S., Doing Agile Right: Transformation Without Chaos, Harvard Business Review Press, 2020.

46. Svahn, F., Mathiassen, L., Lindgren, R., and Kane, G. C., "Mastering the Digital Innovation Challenge," MIT Sloan Management Reivew, Vol. 58, No. 3, Spring 2017, pp. 14-16.

47. Svahn, F., Mathiassen, L., and Lindgren, R., "Embracing Digital Innovation in Incumbent Firms: How Volvo Cars Managed Competing Concerns," MIS Quarterly, Vol. 41, No. 1, March 2017, pp. 239-253.

48. Teixeira, T. S., Unlocking the Customer Value Chain, Currency, 2019.

49. Visual Paradigm, "What is Customer Journey Map?" https://www.visual-paradigm.com/guide/customer-experience/what-is-customer-journey-mapping/

50. Westerman, G., Bonnet, D., and McAfee, A., "The Nine Elements of Digital Transformation," MIT Sloan Management Review, Jan. 2014.

51. Westerman, G., Bonnet, D., and McAfee, A., Leading Digital: Turning Technology into Business Transformation, Harvard Business Review Press, 2017.

52. Westerman, G., Soule, D., and Eswaran, A., "Building Digital-Ready Culture in Traditional Organizations," MIT Sloan Management Review, Summer 2019, pp. 59-68.

미주

1장

1. http://pan.best/mQmzwE6r
2. https://youtu.be/TlUPhNvKxG0
3. Fleisch, Weinberger, and Wortmann(2014).

3장

1. 선도기업은 3년간 규모가 20%이상 성장한 기업을 지칭한다(김승현 외, 2020).
2. 본 서에서 기술하고 있는 변화관리 8단계의 내용들은 존 코터와 댄 코헨의 논문과 저서들, 그리고 이 저서들의 한글 번역본의 내용을 디지털 트랜스포메이션의 상황에서 수정 보완한 것임을 밝힌다.

8장

1. 조용완(2019).
2. Danneels and Frattini(2018).
3. Teixeira(2019).
4. http://blog.naver.com/PostView.nhn?blogId=powerfulysk&logNo=220298335456&categoryNo=29&parentCategoryNo=0 (출처: [전략경영] 전사적 수준의 전략/ 사업부 수준의 전략/ 외부환경 평가/ 내부환경 평가/ 사업포트폴리오 관리/ 수직적통합/ 거래비용/ 가치사슬모형/ BCG 매트릭스|작성자 퐁준)
5. 조용완(2019)의 디자인 싱킹에 관한 부분과 스탠포드 디자인 스쿨의 자료를 요약 및 보완한 내용이다.
6. Herd(2015).
7. Visual Paradigm.
8. 페르소나를 개발하는 상세한 방법은 Desai(2019). (https://medium.com/swlh/defining-user-personas-b01934ed2d26)를 참조할 것.
9. Piccoli, Spalding, and Ives (2001).

9장

1. Bonnet and Westerman (2021).
2. Osterwalder and Pigneur(2010).

3. Teixeira and Piechota(2019).

10장

1. Westerman, Soule, and Eswaran (2019).
2. Kast and Rosenzweig (1985).
3. Rigby, Elk, and Berez (2020).
4. Rigby, Sutherland, and Noble (2018).
5. 박희준(2023), 윤상진(2021).
6. Moazed and Johnson (2016).
7. 윤상진(2012)

아날로그 기업에서 디지털 기업으로 전환하기

DX 경영

초판 1쇄 인쇄 2024년 2월 16일
초판 1쇄 발행 2024년 2월 23일

지은이 임건신
펴낸이 안현주

기획 류재운 **편집** 한진우 송무호 안선영 김재열 **브랜드마케팅** 이승민 **영업** 안현영
디자인 표지 정태성 본문 장덕종

펴낸 곳 클라우드나인 **출판등록** 2013년 12월 12일(제2013-101호)
주소 우) 03993 서울시 마포구 월드컵북로 4길 82(동교동) 신흥빌딩 3층
전화 02-332-8939 **팩스** 02-6008-8938
이메일 c9book@naver.com

값 19,000원
ISBN 979-11-92966-59-5 03320